Análise da política brasileira:
instituições, elites, eleitores e
níveis de governo

O selo DIALÓGICA da Editora InterSaberes faz referência às publicações que privilegiam uma linguagem na qual o autor dialoga com o leitor por meio de recursos textuais e visuais, o que torna o conteúdo muito mais dinâmico. São livros que criam um ambiente de interação com o leitor – seu universo cultural, social e de elaboração de conhecimentos –, possibilitando um real processo de interlocução para que a comunicação se efetive.

Análise da política brasileira: instituições, elites, eleitores e níveis de governo

Wellington Nunes

EDITORA
intersaberes

EDITORA intersaberes

Rua Clara Vendramin, 58 . Mossunguê . CEP 81200-170 . Curitiba . PR . Brasil
Fone: (41) 2106-4170 . www.intersaberes.com . editora@editoraintersaberes.com.br

Conselho editorial
Dr. Ivo José Both (presidente)
Drª Elena Godoy
Dr. Nelson Luís Dias
Dr. Neri dos Santos
Dr. Ulf Gregor Baranow

Editora-chefe
Lindsay Azambuja

Supervisora editorial
Ariadne Nunes Wenger

Analista editorial
Ariel Martins

Preparação de originais
Gilberto Girardello Filho

Edição de texto
Gustavo Piratello de Castro
Palavra do Editor

Capa
Mayra Yoshizawa (design)
jokerpro/Shutterstock (imagem)

Projeto gráfico
Bruno de Oliveira

Diagramação
Estúdio Nótua

Equipe de design
Mayra Yoshizawa
Sílvio Gabriel Spannenberg

Iconografia
Célia Regina Tartalia e Silva
Regina Claudia Cruz Prestes

Dados Internacionais de Catalogação na Publicação (CIP)
(Câmara Brasileira do Livro, SP, Brasil)

Nunes, Wellington
  Análise da política brasileira: instituições, elites, eleitores e níveis de governo/Wellington Nunes. Curitiba: InterSaberes, 2018.

  Bibliografia.
  ISBN 978-85-5972-722-7

  1. Brasil – Política e governo 2. Ciência política 3. Eleitores – Brasil 4. Elite (Ciências sociais) 5. Sistema político – Brasil I. Título.

  18-14773   CDD-320.981

Índices para catálogo sistemático:
1. Brasil: Política e governo 320.981
Iolanda Rodrigues Biode – Bibliotecária – CRB-8/10014

1ª edição, 2018.
Foi feito o depósito legal.
Informamos que é de inteira responsabilidade do autor a emissão de conceitos.
Nenhuma parte desta publicação poderá ser reproduzida por qualquer meio ou forma sem a prévia autorização da Editora InterSaberes.
A violação dos direitos autorais é crime estabelecido na Lei n. 9.610/1998 e punido pelo art. 184 do Código Penal.

Sumário

13 *Prefácio*
19 *Apresentação*
27 *Como aproveitar ao máximo este livro*

PARTE I
31 **Instituições e política**

Capítulo 1
33 Características institucionais do sistema político brasileiro

(1.1)
36 Parlamentarismo, presidencialismo e o sistema de governo brasileiro

(1.2)
42 O sistema político brasileiro como caso de aberração institucional

Capítulo 2
59 Funcionamento do presidencialismo brasileiro: governabilidade e legitimidade

(2.1)
63 Presidencialismo de coalizão e governabilidade

(2.2)
71 Presidencialismo de coalizão e legitimidade

Parte II
95 **Elites e política**

Capítulo 3
97 **Contribuições dos estudos sobre as elites**

(3.1)
100 Contexto de surgimento e fundadores dos estudos sobre as elites

(3.2)
104 Perfil social, ideologia e padrões de carreira nos partidos brasileiros

(3.3)
113 Transformações na classe política brasileira

Capítulo 4
123 **Estudos sobre as elites e profissionalização política**

(4.1)
128 Carreiras no Legislativo Federal: popularização ou profissionalização?

(4.2)
137 Seleção de candidatos nos partidos políticos brasileiros

Parte III
Eleitorado e relações intergovernamentais

Capítulo 5
Eleitorado brasileiro

(5.1)
Eleições presidenciais no período de 1989 a 2002

(5.2)
Eleição presidencial de 2006: a base eleitoral de Lula

(5.3)
Como explicar a emergência do lulismo?

Capítulo 6
Poder central e poder regional na política brasileira

(6.1)
Centralização e descentralização do poder na construção do Estado nacional

(6.2)
As origens do federalismo no Brasil

(6.3)
Poder central e poder regional no período democrático recente

Para concluir...
Referências
Respostas
Sobre o autor

Dedico este livro à minha família (pais, irmãos e sobrinhos) e à minha companheira de todas as horas, Geiza.

A cobra que não consegue livrar-se de sua casca morre. O mesmo acontece com os espíritos que são impedidos de mudar as suas opiniões; eles deixam de ser espírito.

Friedrich Nietzsche

Eu nunca acreditei que a sobrevivência fosse um valor último. A vida, para ser bela, deve estar cercada de vontade, de bondade e de liberdade. Essas são coisas pelas quais vale a pena morrer.

Mahatma Gandhi

O real não está nem na saída nem na chegada; ele se dispõe para a gente é no meio da travessia.

João Guimarães Rosa

Prefácio

A experiência da democracia brasileira após a redemocratização é um fenômeno impressionante, sob diversos pontos de vista. A partir da Constituição de 1988 – e, em parte, graças a ela –, nunca se avançou tanto na construção de instituições democráticas, de direitos sociais e de melhoria da *performance* governamental. Isso está presente na vasta análise que os cientistas políticos fazem dessa curta experiência de quase 30 anos. Mas, ao mesmo tempo, a sensação é a de que nunca estivemos em situação pior e de que nossa política é marcada pela falta de algo: de ética, de responsabilidade, de transparência, de serviços públicos qualificados. Em que pese a importância dos escândalos de corrupção que dominam o noticiário e a crise econômica enfrentada a partir de 2015, que contribuem para aumentar a desaprovação da política institucional e de seus protagonistas, o fato é que essa sensação é parte da própria dinâmica política brasileira em geral. Pois, à medida que muitas das dificuldades históricas foram sendo enfrentadas nas últimas três décadas (falta de democracia, instituições autoritárias, ausência de amparo à população pobre, entre outras), a democracia brasileira se tornou cada vez mais ambiciosa, e a sociedade, mais exigente. Desse modo, o quadro político em que o Brasil se encontra atualmente é bastante complexo, apresentando melhora da *performance* governamental em algumas áreas, fortalecimento das instituições de controle, combate à corrupção e incremento substancial da sociedade civil. Porém, há a contraface de tudo isso: aumento do debate político, crescimento da polarização ideológica e incrível exposição dos limites e das falhas das instituições, incluindo os partidos políticos e as arenas subnacionais de governo. A crise política vivida desde 2013, com suas várias etapas, é uma síntese confusa dessa história de altos e baixos e, também, um indício do desafio a ser enfrentado nas próximas páginas da democracia brasileira.

O livro de Wellington Nunes que o leitor tem em mãos conta parte da história recente da democracia brasileira sob as perspectivas das principais contribuições da ciência política. Trata-se de uma obra cujo valor está em três atributos: é informativa, analítica e didática. Informativa na medida em que seleciona e esmiúça um conjunto de áreas de investigação centrais para entender a evolução da disciplina, bem como suas controvérsias e principais conclusões. Analítica porque tenta apontar os alcances, os limites e as críticas possíveis de serem feitas a cada um desses conjuntos de trabalho. E didática pois apresenta uma linguagem acessível e capaz de traduzir aos não especialistas muitos termos técnicos ou conceitos abstratos que, se apresentados de outro modo, dificultariam o alcance do livro. Mesmo fazendo isso, o texto não deixa de ser rigoroso e tecnicamente embasado. Com esses adjetivos, o livro se constitui em um guia primoroso tanto aos curiosos sobre a política brasileira quanto aos interessados em se especializar na análise da política contemporânea.

Desse modo, a obra *Análise da política brasileira: instituições, elites, eleitores e níveis de governo* conta, a um só tempo, duas histórias interligadas: a da democracia brasileira e a da área de ciência política no país. Não obstante, não narra uma história convencional, como a dos manuais de história do Brasil. Para servir como instrumento para a formação e a aplicação dos estudantes de ciência política, a estratégia do autor foi estruturar o livro em temas canônicos da disciplina, a saber: a análise das instituições de governo, como o Poder Executivo, o Poder Legislativo e os partidos políticos; o perfil das elites políticas e suas transformações recentes; e, por fim, a análise das relações de governo e as tendências do comportamento eleitoral. A ciência política brasileira exibiu uma incrível expansão em um curto intervalo de tempo. Além das vantagens óbvias associadas a qualquer ganho de conhecimento científico, existem alguns desafios decorrentes disso, como o excesso de controvérsias e a existência de áreas muito subdivididas internamente. Nesse sentido, o livro de Nunes é sensível a esses desafios, indicando para os leitores as principais divergências entre os especialistas e as conclusões que foram sendo alcançadas com a expansão da disciplina. Com isso, acaba por ser muito fiel à diversidade das abordagens presentes na atual comunidade de pesquisadores.

Dessa forma, na Parte I do livro, dedicada ao funcionamento das instituições políticas, o autor apresenta o campo que obteve a maior projeção da disciplina, contribuindo para a difusão internacional do conceito de *presidencialismo de coalizão*. Ainda nessa parte, Nunes concentra a polêmica em torno das teses da governabilidade ou da ingovernabilidade do Brasil após a Carta Magna de 1988. A vitalidade do conhecimento aqui é inegável, como se poderia extrair de uma busca pelos principais veículos científicos nacionais e internacionais. Entretanto, em parte como efeito de uma onda, os detalhes de nosso formato institucional foram estudados com uma exaustão impressionante, chegando mesmo a uma hiperespecialização que, em certos casos, não agregava nada de mais instigante, a não ser a reafirmação das teses consagradas em torno da funcionalidade do regime. Em parte por conta disso, as dificuldades enfrentadas durante o *impeachment* da Presidente Dilma Rousseff caíram como uma bomba para os especialistas da área, uma vez que ativaram a atenção, há muito adormecida, para variáveis que eram tidas como irrelevantes, como a qualidade dos partidos políticos ou o perfil das elites políticas, seja no Executivo, seja no Legislativo.

Algumas dessas questões ocupam a Parte II do livro, dedicada ao estudo sobre as elites políticas, sendo esta a área que se desenvolveu mais tardiamente para suprimir a falta de estudos sobre o perfil dos representantes, suas origens, seus vínculos sociais e seus itinerários ao lado das instituições políticas. Talvez seu desenvolvimento tardio tenha se dado por duas razões. Primeira se refere à força exercida pelo paradigma neoinstitucionalista apresentado na Parte I, que se coloca como uma abordagem oposta aos estudos sobre as elites. Assim, seu caráter dominante acabou dificultando as pesquisas sobre padrões de origem e carreiras dos políticos. A segunda razão se constitui na dificuldade dos elitistas em dialogar com a abordagem tradicional sobre nossas instituições, bloqueando desenhos de pesquisa mais promissores para articular a relação entre elites e instituições. Esses dois fatores contribuíram para um hiperdescritivismo dessa agenda, que, durante algum tempo, foi refém da constatação da homologia entre dominação social e dominação política. Em outras palavras, parte desses trabalhos se limitou a repetir a constatação da cumulatividade entre os recursos sociais econômicos (como ocupações mais prestigiadas) e simbólicos (como títulos universitários), bem como o acesso aos postos políticos. No entanto, alguns achados vêm superando essas dificuldades, indicando a relação entre a ideologia dos partidos e suas bases sociais de recrutamento e, finalmente, as tendências à profissionalização política, fato há muito diagnosticado nas democracias mais antigas.

Por fim, a Parte III da obra está subdividida em um capítulo sobre o comportamento do eleitorado e em outro sobre as relações federativas, isto é, as relações entre os níveis da Federação para a produção de políticas públicas.

O capítulo sobre o comportamento eleitoral aborda a tendência histórica, por parte do eleitorado brasileiro, de optar por candidatos que empunhem bandeiras conservadoras ou moderadas, bem como a adaptação das políticas do Partido dos Trabalhadores (PT), sob o governo de Luiz Inácio Lula da Silva, a essas condições. Dessa forma, o capítulo expõe um fenômeno que a literatura identifica como *lulismo*: um descolamento dos votos petistas em relação aos votos destinados ao ex-presidente Lula. Com isso, o eleitorado tradicional do PT, típico das regiões Sul e Sudeste, divorciou-se do eleitorado de Lula, que se tornou cada vez mais presente no Norte e no Nordeste do Brasil.

Por fim, no último capítulo, Nunes realiza uma incursão pela história da formação do Estado brasileiro e suas relações com o poder das regiões, tema que remete à questão do federalismo e aos arranjos para articular os diferentes níveis de governo: municipal, estadual e federal. Como apontado no livro, trata-se de uma história pendular, que opôs momentos de concentração federal (unionismo) a momentos de descentralização estadual (federalismo estadualista). A Constituição de 1988, ao conferir mais poderes aos entes subnacionais (estados e municípios), teria criado as condições para a ocorrência de um sistema robusto de descentralização política, colocando em tela a conhecida expressão de Fernando Luiz Abrucio, *os barões da Federação*, que representariam o imenso poder político concentrado nas mãos dos governadores estaduais.

Entretanto, o capítulo termina demonstrando como as imagens dicotômicas (unionismo *versus* federalismo estadualista) podem ser enganosas, pois, em muitos temas, as políticas públicas são produzidas por meio de uma complexa rede de relações entre esferas de governo, nas quais o governo federal tem papel preponderante.

Especificamente na área de políticas sociais, o nível federal tem sido o principal indutor da cooperação entre os demais níveis de governo, evidenciando-se que, mesmo em um arranjo de descentralização como o atual, pode-se encontrar uma união no centro da produção de políticas.

Para finalizar, eu gostaria de tecer um comentário sobre como Wellington Nunes procura examinar os temas e as controvérsias com distanciamento, sendo fiel aos argumentos dos autores que aborda. Guiado pela preocupação didática, Nunes evita participar das polêmicas que descreve. Trata-se de um estilo afinado com a busca pela objetividade que a disciplina tem realizado em sua história de cerca de 50 anos. Desse modo, o autor é, ele próprio, uma mostra dos avanços que a disciplina tem oferecido para a comunidade de interessados. O livro é um convite para o estudo da política brasileira por meio do espírito da amplitude, do rigor e da síntese.

LUIZ DOMINGOS COSTA

Doutorando em Ciência Política na Universidade Federal do Paraná (UFPR) e professor de Ciência Política do Centro Universitário Internacional Uninter e da Pontifícia Universidade Católica do Paraná (PUCPR).

Novembro de 2017

Apresentação

A principal dificuldade envolvida em análises políticas, em nosso entendimento, é fazer a separação entre aquilo que o analista acredita que a política deveria ser e aquilo que ela, de fato, é. Essa distinção, que, à primeira vista, pode parecer trivial, adquire importância fundamental quando se deseja, por exemplo, separar valores e crenças individuais de regras e procedimentos organizacionais ou institucionais. Os primeiros se referem a opiniões e a expectativas que o cidadão comum eventualmente manifesta em relação ao funcionamento do sistema político em geral. Os últimos, por sua vez, dizem respeito ao conjunto de princípios, códigos e regras (formais e informais) que regem o real funcionamento das instituições políticas. Essas duas abordagens, por via de regra, não são coincidentes e, assim a indignação da maioria das pessoas em relação à política tende a ser diretamente proporcional ao tamanho desse afastamento, isto é, aumenta de acordo com a distância entre a política ideal e a política real.

Esta última perspectiva é, em geral, empregada em estudos empíricos de ciência política, nos quais as análises são construídas com base na observação sistemática da realidade concreta. Desse modo, embora seja impossível para o analista não carregar consigo os próprios valores e opiniões, estes são menos relevantes nesse tipo de análise do que aquilo que pode ser observado, mensurado e extraído da realidade. Esse tipo de procedimento (a indução por meio da observação empírica) é justamente a força motriz da atividade científica e, por isso, o fio condutor deste livro: analisar a política brasileira com base em perspectivas analíticas construídas mediante a observação sistemática de dados empíricos. Sob esse critério, selecionamos quatro perspectivas (ou abordagens) analíticas distintas e bastante influentes no contexto da ciência política brasileira – cada uma delas dedicada a um objeto de pesquisa específico.

A primeira dessas abordagens pode ser chamada, dado seu objeto principal de pesquisa, de *institucionalista* (ou *neoinstitucionalista*) e reúne estudos que procuram analisar a influência das regras e dos procedimentos formais que regem as instituições no comportamento dos indivíduos que delas fazem parte. Adicionalmente, a maioria dos estudos aqui apresentados compartilha do pressuposto da racionalidade dos atores, ou seja, assume que as instituições são ocupadas por indivíduos racionais. Estes, sendo portadores de interesses individuais, agiriam racionalmente, maximizando seus benefícios e minimizando seus custos[1].

A segunda perspectiva pode ser chamada, também em função de seu objeto de pesquisa principal, de *elitista*, por reunir trabalhos interessados em estudar minorias organizadas (as elites). Sem ignorar

---

1 *A abordagem neoinstitucionalista é tratada aqui indistintamente apenas por questões didáticas e de limite de espaço. A rigor, a corrente mais afinada com a descrição sintetizada e retomada no decorrer do livro é a do neoinstitucionalismo de escolha racional. Tanto o neoinstitucionalismo histórico quanto o sociológico adotam abordagens mais amplas acerca dos fenômenos políticos, isto é, para além da influência de regras e procedimentos formais sobre o comportamento de atores racionais. Para uma síntese dessas três vertentes, indicamos: Hall; Taylor (2003); March; Olsen (2008).*

a influência que as regras e os procedimentos institucionais podem exercer sobre o comportamento dos atores, os estudos sobre as elites assumem, *grosso modo*, que a origem social dos indivíduos pode influenciar tanto no tipo de carreira política construído quanto no padrão comportamental assumido pelos indivíduos no interior das instituições. Assim, estudar os diferentes perfis sociais e os distintos padrões de carreira das elites políticas pode iluminar aspectos que as análises institucionalistas não alcançam – como a configuração de interesses no interior do Congresso Nacional ou de determinado ministério. O estudo sistemático dos grupos de elite que compõem historicamente uma instituição pode revelar, adicionalmente, por que foi escolhido determinado conjunto de regras para regê-la e não outro.

O terceiro tipo de abordagem, por sua vez, desloca o foco de análise das instituições e das elites políticas para o eleitorado brasileiro. O objetivo continua sendo o mesmo (analisar a política brasileira), mas a forma utilizada para fazer isso muda consideravelmente. Na literatura dedicada a analisar a política com base nas características do eleitorado, conforme observado por Fernando Guarnieri (2014), procura-se responder, de modo genérico, a dois questionamentos fundamentais: i) como vota o eleitor; ii) de que forma o comportamento do eleitor influencia as estratégias encampadas pelos partidos.

Finalmente, a quarta perspectiva tem como objeto de análise o padrão de vínculos existentes entre os diferentes níveis de governo – as chamadas *relações intergovernamentais*. O padrão assumido por essas relações, por sua vez, está estreitamente atrelado a uma questão mais ampla: o grau de centralização ou de descentralização do poder político-administrativo do Estado. Esse assunto, como mostraremos mais adiante, suscitou um caloroso debate no interior da historiografia política brasileira – acerca do predomínio de um poder central ou de um poder regional, tanto no processo de construção do

Estado nacional quanto nas relações predominantes entre Estado e sociedade. De nossa parte, além de delinearmos os contornos desse debate clássico, trataremos também de considerá-lo criticamente à luz de achados empíricos mais recentes.

Essas são as quatro perspectivas analíticas abordadas neste livro. Ao apresentá-las e discuti-las com você, leitor, pretendemos, justamente, oferecer ferramentas úteis para que você possa formular as próprias análises acerca da política brasileira. Por isso, quanto à exposição do assunto, o livro está organizado em três partes – cada uma composta por dois capítulos.

A primeira parte dedicamos à perspectiva que analisa a política brasileira com base em suas características institucionais e que se convencionou chamar de *neoinstitucionalista*. Como mencionamos anteriormente, trata-se, *grosso modo*, de reafirmar que as instituições interferem no tipo de resultado obtido e contam com ele – já que os constrangimentos gerados por determinada estrutura institucional, ao influírem no comportamento individual dos atores, tendem a ter impacto nos *outputs* (resultados) do processo político. Por essa perspectiva, portanto, resultados políticos (variáveis dependentes) são explicados levando-se em conta os elementos institucionais (variáveis independentes).

As variáveis independentes podem ser de dois tipos. O primeiro deles, de ordem mais geral, diz respeito ao arranjo institucional que caracteriza determinado ordenamento político, a chamada *engenharia institucional*. Trata-se, conforme apresentaremos no Capítulo 1, da investigação dos efeitos causados pelo conjunto de características institucionais reunidas em dado sistema político – no caso do Brasil, presidencialismo, multipartidarismo e representação proporcional de lista aberta, fundamentalmente. O segundo tipo, como abordaremos no Capítulo 2, adota como variável explicativa (ou independente) o impacto de fatores institucionais mais específicos ou menos abrangentes, como aqueles relacionados ao conjunto de regras e normas específicas de determinado contexto institucional – constituições, regimentos internos, regulamentos, procedimentos formais etc. Na segunda parte, passaremos a considerar os instrumentos de análise oferecidos pelos estudos sobre as elites. Isso porque, embora a abordagem neoinstitucionalista seja útil para mostrar que o comportamento dos atores é, em boa medida, determinado pelo ambiente institucional no qual eles estão inseridos, os estudos orientados por suas teorias não conseguem explicar, por exemplo, como as instituições surgem e se transformam ao longo do tempo. Do mesmo modo, essas doutrinas também não esclarecem por que determinada sociedade é regida por um conjunto específico de instituições e não por outro.

Esses e outros questionamentos têm levado um número cada vez maior de pesquisadores a deslocar o foco de suas análises das instituições para as minorias organizadas. Esse tem sido o objeto central dos estudos sobre as elites, os quais, por sua vez, vêm oferecendo contribuições bastante significativas para uma análise mais acurada da política. Nesse sentido, para além do desenho institucional em questão, essas pesquisas têm se concentrado nas características das elites (partidárias, parlamentares, ministeriais, empresariais etc.) e em como tais particularidades podem ajudar a compreender os traços inscritos em determinado sistema político.

Dada a impossibilidade de tratar de todos esses aspectos neste livro, analisaremos, no Capítulo 3, o contexto em que surgiram os estudos sobre as elites, bem como as principais pistas deixadas pelos trabalhos clássicos e que inspiraram as pesquisas mais recentes orientadas por essa perspectiva analítica. Nesse capítulo, também examinaremos os trabalhos pioneiros no estudo da classe política brasileira no atual regime democrático. No Capítulo 4, por sua vez, discutiremos sobre as transformações da classe política brasileira, o debate em torno de sua profissionalização e o papel desempenhado pelos partidos políticos no processo de recrutamento dessa classe.

Finalmente, na terceira parte desta obra, apresentaremos tanto a abordagem que tem como objeto de estudo o eleitorado brasileiro, no Capítulo 5, quanto aquela dedicada ao exame das relações intergovernamentais, no Capítulo 6. No primeiro caso, comentaremos sobre um debate que tem ocupado lugar central na literatura pertinente: o comportamento do eleitorado brasileiro nas eleições presidenciais do atual regime democrático. Nesse contexto, investigaremos tanto o comportamento-padrão dos eleitores desde as eleições de 1989 quanto as mudanças ocorridas a partir do pleito de 2006.

Já no último capítulo, o foco de nossa atenção será deslocado para as relações que envolvem a interação do governo federal com os governos subnacionais (estaduais e municipais). Como já mencionamos, essa análise levará em conta o grau de centralização ou de descentralização do poder político-administrativo do Estado. Assim, além de delinearmos os principais contornos do debate clássico em torno do assunto (poder central *versus* poder regional) ao longo da historiografia política brasileira, também trataremos dos padrões atuais de relações intergovernamentais à luz dos achados empíricos de estudos mais recentes – que tiveram como objeto o atual regime democrático.

Antes de finalizarmos esta apresentação, convém fazer uma observação final. Não devemos imaginar – ingenuamente – que as quatro abordagens reunidas neste livro esgotem as possibilidades analíticas em relação à política brasileira. Fenômenos sociais e políticos, como sabemos, são multicausais e, portanto, sofrem influência de inúmeros fatores. Ao selecionarmos as perspectivas que compõem esta obra, nosso objetivo foi fornecer a você, leitor, um conjunto básico de ferramentas para que, por conta própria, você possa iniciar suas análises sobre a política brasileira. O caminho é árduo, mas instigante.

Boa leitura!

Wellington Nunes

Como aproveitar ao máximo este livro

Este livro traz alguns recursos que visam enriquecer seu aprendizado, facilitar a compreensão dos conteúdos e tornar a leitura mais dinâmica. São ferramentas projetadas de acordo com a natureza dos temas que vamos examinar. Veja a seguir como esses recursos se encontram distribuídos no decorrer desta obra.

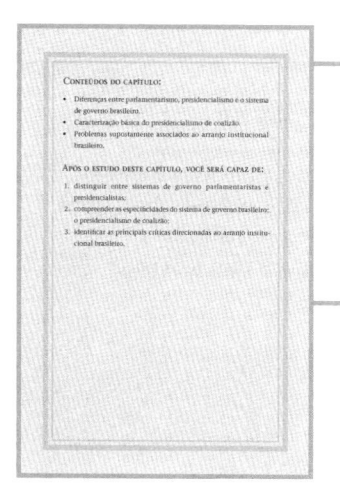

Conteúdos do capítulo:

Logo na abertura do capítulo, você fica conhecendo os conteúdos que nele serão abordados.

Após o estudo deste capítulo,
você será capaz de:

Você também é informado a respeito das competências que irá desenvolver e dos conhecimentos que irá adquirir com o estudo do capítulo.

Síntese

Você dispõe, ao final do capítulo, de uma síntese que traz os principais conceitos abordados.

Questões para revisão

Com estas atividades, você tem a possibilidade de rever os principais conceitos analisados. Ao final do livro, o autor disponibiliza as respostas às questões, a fim de que você possa verificar como está sua aprendizagem.

Questões para reflexão

Nesta seção, a proposta é levá-lo a refletir criticamente sobre alguns assuntos e a trocar ideias e experiências com seus pares.

Para saber mais

Você pode consultar as obras indicadas nesta seção para aprofundar sua aprendizagem.

Estudo de caso

Esta seção traz ao seu conhecimento situações que vão aproximar os conteúdos estudados de sua prática profissional.

Parte I
Instituições e política

Capítulo 1
Características
institucionais do sistema
político brasileiro

CONTEÚDOS DO CAPÍTULO:

- Diferenças entre parlamentarismo, presidencialismo e o sistema de governo brasileiro.
- Caracterização básica do presidencialismo de coalizão.
- Problemas supostamente associados ao arranjo institucional brasileiro.

APÓS O ESTUDO DESTE CAPÍTULO, VOCÊ SERÁ CAPAZ DE:

1. distinguir entre sistemas de governo parlamentaristas e presidencialistas;
2. compreender as especificidades do sistema de governo brasileiro: o presidencialismo de coalizão;
3. identificar as principais críticas direcionadas ao arranjo institucional brasileiro.

O regime democrático inaugurado pela Constituição Federal promulgada em de 5 de outubro de 1988 (Brasil, 1988) restabeleceu um sistema político com características semelhantes às daquele que vigorara durante a Terceira República (1946-1964), isto é, uma combinação entre forma republicana de governo, sistema presidencialista e arranjo partidário de coalizão. A combinação desses e de outros elementos do atual ordenamento[1] político brasileiro tem sido, desde sua origem, terreno de amplos e calorosos debates.

Em termos gerais, é possível distinguir, na literatura dedicada a esse tema, duas interpretações: uma argumenta que as singularidades de nosso ordenamento político refletem, em boa medida, as clivagens existentes na sociedade; a outra sustenta que essas singularidades são, na verdade, distorções produzidas pela escolha de um arranjo institucional inadequado. Nesse contexto, este capítulo tem duplo objetivo: de um lado, mapear as principais características institucionais desse arranjo institucional; de outro, delinear os contornos dessas duas interpretações acerca de nosso sistema político.

Para cumprirmos esses objetivos, trataremos, inicialmente, de distinguir o que há de específico no caso brasileiro quando comparado a outras possibilidades de arranjo institucional. Isso será feito concomitantemente ao delineamento dos contornos principais de uma interpretação clássica segundo a qual as peculiaridades do ordenamento político brasileiro podem ser explicadas com base nas características existentes em nossa sociedade. Em seguida, continuaremos a olhar para algumas das especificidades de nosso ordenamento político, mas conforme uma perspectiva que procura explicações nos aspectos internos do sistema, isto é, no âmbito do próprio arranjo institucional.

---

1 Neste livro, adotaremos como sinônimos as nomenclaturas sistema político *e* ordenamento político.

(1.1)
Parlamentarismo, presidencialismo e o sistema de governo brasileiro

O debate em torno das características adotadas pelo sistema político que se inauguraria após a redemocratização iniciou-se ainda no período de transição entre regimes. A essa altura, a discussão girava em torno daquilo que se convencionou chamar de *engenharia institucional*, ou seja, a definição de qual seria o conjunto de características institucionais mais adequado ao novo ordenamento político. Isso ocorreu porque, segundo os teóricos, as chances de sobrevivência do regime democrático instaurado dependeriam do arranjo institucional escolhido – sistema de governo (presidencialista ou parlamentarista), grau de fragmentação do sistema partidário (número efetivo de partidos), sistema de representação de interesses (majoritário ou proporcional), regras eleitorais, entre outros aspectos.

Ainda de acordo com os adeptos da engenharia institucional, ordenamentos políticos que combinam parlamentarismo, sistema partidário pouco fragmentado (com poucos partidos efetivos) e representação majoritária (aquela na qual se elege apenas um representante por distrito ou circunscrição eleitoral) tenderiam a ser mais estáveis – condição que aumentaria suas chances de sobrevivência. Por outro lado, a combinação entre presidencialismo, multipartidarismo e representação proporcional (com vários representantes por distrito) facilitaria o predomínio de forças centrífugas – o que aumentaria a instabilidade do sistema político como um todo e diminuiria as chances de sobrevivência do regime democrático.

Foi justamente este último tipo de combinação institucional (supostamente mais instável) que emergiu durante o processo de redemocratização mais recente do Brasil. O texto clássico acerca desse arranjo institucional foi escrito ainda durante o período constituinte (1987-1988), por Sérgio Abranches, e publicado em 1988[2]. Nesse texto, o autor cunhou a expressão que seria consagrada nos debates acerca do sistema político inaugurado pela Nova República: *presidencialismo de coalizão* (Abranches, 1988).

Antes de abordarmos esse assunto especificamente, é conveniente apresentar duas distinções importantes quanto aos sistemas de governo. A primeira delas é de ordem mais geral e se refere às diferenças institucionais existentes entre parlamentarismo e presidencialismo. Já a segunda, de ordem mais específica, está relacionada às diferenças encontradas entre os países que adotam governo presidencialista – como o caso clássico norte-americano e o modelo brasileiro. Na sequência, tratemos brevemente de cada uma dessas distinções.

1.1.1 Diferenças institucionais básicas entre sistemas de governo

A diferença fundamental entre **sistema parlamentarista** e **sistema presidencialista** diz respeito à caracterização do Poder Executivo. Nesse aspecto, há duas distinções importantes. A primeira delas se refere à **origem desse poder**: no caso do presidencialismo, o chefe do Executivo – presidente – é eleito por sufrágio popular para um mandato que não guarda qualquer relação de dependência com o Parlamento. Já no caso do parlamentarismo, o chefe do Executivo – primeiro-ministro – é definido pela correlação das forças partidárias representadas no Parlamento e é escolhido entre os integrantes do partido ou da coalizão majoritária, isto é, o grupo político que conquistou o maior número de cadeiras no Parlamento.

---

2 *O texto em questão é o artigo "Presidencialismo de coalizão: o dilema institucional brasileiro" (Abranches, 1988).*

A segunda distinção importante diz respeito à **legitimidade** (e, consequentemente, às chances de sobrevivência) do chefe do Executivo em um sistema de governo. Enquanto no caso do parlamentarismo a existência legítima do primeiro-ministro (e de seu gabinete) depende do apoio e da confiança do Legislativo, em sistemas presidencialistas, por sua vez, o apoio e a confiança do Legislativo, mesmo sendo desejáveis, não se configuram como condições necessárias à sobrevivência do presidente – já que a legitimidade de seu mandato está baseada nas urnas e não depende do Parlamento.

As diferenças entre os sistemas de governo adquirem maior clareza na distinção clássica estabelecida por Alfred Stepan (1990). Segundo o autor, o parlamentarismo é baseado na dependência mútua entre os poderes Executivo e Legislativo, já que ambos dispõem de prerrogativas capazes de interferir diretamente na sobrevivência do governo: capacidade de dissolver o Congresso e convocar novas eleições, para o primeiro; voto de desconfiança, para o segundo. Já no presidencialismo, conforme o autor, isso não ocorre, uma vez que tanto o Executivo quanto o Legislativo contam com as próprias fontes de "legitimidade e independência" (o voto dos eleitores). Daí o presidencialismo ser classificado como um "sistema de **independência mútua**" (Stepan, 1990, p. 98, grifo do original).

Mariana Batista (2016) segue pela mesma trilha, ao sustentar que, no parlamentarismo, a sobrevivência do governo depende da manutenção do apoio majoritário do Legislativo, e o foco do poder está no gabinete. Já no presidencialismo, de acordo com a autora, a estabilidade do presidente está baseada em seu mandato, conferido diretamente pelos eleitores, não sendo, portanto, dependente da confiança do Legislativo. Dessa forma, o foco do poder está localizado no presidente, cuja autonomia inclui a prerrogativa de decidir a composição do governo (Batista, 2016).

Não obstante, é preciso ter em mente que a distinção entre sistemas de governo presidencialistas e parlamentaristas, embora necessária, não é suficiente para que se possa compreender a natureza do ordenamento político brasileiro. Isso se deve ao fato de que há diferenças importantes entre os países que decidem adotá-los – já que o sistema de governo não é o único aspecto envolvido na conformação de um ordenamento político. Para que possamos esclarecer melhor esse ponto, vamos considerar, a título de exercício comparativo, os Estados Unidos, caso paradigmático no âmbito do presidencialismo. Mais do que isso: de acordo com Abranches (1988, p. 19), os Estados Unidos constituem o único caso de "democracia puramente presidencialista".

Primeiramente, devemos observar que o caso norte-americano não serve de parâmetro para que se possa compreender o funcionamento do presidencialismo brasileiro. Mesmo adotando o mesmo sistema de governo, os dois países apresentam outras características institucionais que, em conjunto, produzem diferenças bastante significativas nas dinâmicas de funcionamento de seus ordenamentos políticos. Quais seriam essas características? Uma resposta curta a essa questão consiste em dizer que as principais diferenças entre os dois países dizem respeito aos respectivos sistemas de representação e partidários. Examinaremos brevemente cada um deles.

Ao presidencialismo estadunidense somam-se um sistema de partidos bipartidário e um sistema de representação majoritário. Essas duas características fornecem dois traços institucionais importantes para que se possa compreender a dinâmica de funcionamento do ordenamento político desse país. O primeiro deles é que, embora haja dezenas de partidos constituídos na sociedade norte-americana, apenas dois deles são relevantes (bipartidarismo) para a constituição dos poderes Executivo e Legislativo[3]. O segundo é que cada distrito ou circunscrição eleitoral norte-americana elege apenas um representante (sistema de representação majoritário) – aquele candidato que obtiver a maioria simples[4] dos votos em disputa.

No caso brasileiro, o presidencialismo é combinado com um sistema de partidos multipartidário e com um sistema de representação proporcional. Aqui, também há, evidentemente, desdobramentos importantes para a dinâmica de funcionamento do ordenamento político. Um desses desdobramentos é que, diferentemente do caso americano, existem dezenas de partidos constituídos não apenas na sociedade brasileira mas também no interior do sistema político. Isso significa que há diversos partidos que precisam ser levados em conta tanto no processo de construção do governo quanto nas negociações entre o Executivo e o Legislativo[5] durante um mandato presidencial.

O outro desdobramento importante é que há tantos representantes em cada circunscrição eleitoral quantos forem permitidos pela magnitude[6] de cada uma dessas localidades. Na prática, isso quer dizer

---

[3] Os dois partidos em questão, bastante conhecidos, são o Partido Republicano e o Partido Democrata.

[4] Por isso, esse sistema de representação é também conhecido, no meio acadêmico, como sistema uninominal de maioria simples. Popularmente, tanto na opinião pública quanto no meio político, ele é mais conhecido como modelo distrital.

[5] Atualmente, no Brasil, há 35 partidos registrados no Tribunal Superior Eleitoral (TSE) e 27 partidos representados na Câmara dos Deputados. Retomaremos esse assunto no capítulo seguinte.

[6] A magnitude eleitoral de um estado ou de um distrito refere-se a quantos representantes podem ser eleitos em cada circunscrição eleitoral. No caso da Câmara dos Deputados brasileira, por exemplo, a magnitude mínima é 8, e a máxima, 70. "O art. 45 da Constituição Federal determina que o número total de Deputados, bem como a representação por Estado e pelo Distrito Federal, deve ser estabelecido por lei complementar, proporcionalmente à população, procedendo-se aos ajustes necessários, no ano anterior às eleições, para que nenhuma das unidades da Federação tenha menos de oito ou mais de setenta Deputados" (Brasil, 2018a).

que cada distrito ou circunscrição eleitoral dispõe de diversos representantes – os quais, muitas vezes, pertencem a partidos diferentes.

Essas distintas combinações institucionais são importantes na medida em que, conforme argumentado pelo próprio Abranches (1988), as particularidades de cada modelo institucional aparecem não por causa da presença isolada de cada um desses elementos, mas pela combinação entre eles. Assim, a especificidade do caso brasileiro não está no governo presidencialista nem no sistema de partidos multipartidário ou no de representação proporcional tomados separadamente, mas no fato de nosso ordenamento político associar "representação proporcional, multipartidarismo e presidencialismo" (Abranches, 1988, p. 19). Essa combinação de elementos institucionais, segundo o autor, tem como característica adicional o fato de o Poder Executivo organizar-se em grandes coalizões partidárias.

Portanto, para que se possa compreender o que há de *sui generis* ou de singular no caso brasileiro, é preciso considerar todas essas características institucionais em conjunto, ou seja, "o Brasil é o único país que além de combinar a proporcionalidade, o multipartidarismo e o 'presidencialismo imperial', organiza o Executivo com base em grandes coalizões" (Abranches, 1988, p. 21). É esse arranjo institucional peculiar que o autor nomeia como **presidencialismo de coalizão**.

A partir da publicação do artigo de Abranches, o presidencialismo de coalizão se transformou em uma espécie de mantra para explicar as mazelas do ordenamento político brasileiro. Não que suas características não viessem sendo criticadas antes disso, mas a expressão sintética cunhada pelo autor possibilitou aos críticos apontar, de uma só vez, tudo o que entendiam estar errado nas instituições brasileiras. Na seção seguinte, trataremos dos aspectos criticados por uma parte da literatura institucionalista que teve o sistema político brasileiro como objeto de estudo.

(1.2)
O SISTEMA POLÍTICO BRASILEIRO COMO CASO DE ABERRAÇÃO INSTITUCIONAL

Conforme notado por Abranches (1988), o atual ordenamento político adotado no Brasil, inaugurado pela Constituição de 1988, apresenta uma série de características que, em conjunto, conferem uma especificidade institucional ao caso brasileiro. O autor, no entanto, não abordou essa especificidade como um caso de desvio de normalidade que pudesse colocar em risco a estabilidade de nosso regime democrático. Pelo contrário, a interpretação construída por ele é a de que "a tradição político-institucional [brasileira] responde à específica dinâmica social do País" (Abranches, 1988, p. 32).

Ainda de acordo com o autor, seria possível manter certas características institucionais históricas (como o presidencialismo e a representação proporcional), desde que fossem utilizados contrapesos que permitissem "evitar a fragmentação polarizada de nosso sistema político" (Abranches, 1988, p. 32).

Outros autores, entretanto, discordam da interpretação de Abranches e consideram o ordenamento político brasileiro uma aberração institucional condenada ao fracasso. Antes de examinarmos os principais argumentos de alguns desses autores, vale fazer um comentário acerca da perspectiva teórica que os orienta.

Diferentemente do ponto de vista que norteou a interpretação elaborada por Abranches (1988) – o de que o ordenamento político brasileiro responde a uma realidade social específica –, o ponto de partida para os argumentos que analisaremos a seguir é o de que as regras institucionais moldam o comportamento dos atores. Assim, um determinado conjunto de características institucionais reunidas em um sistema político acabaria por impactar o comportamento não apenas dos políticos mas também dos eleitores. Dito de outro modo, com base nessa perspectiva, as regras institucionais seriam variáveis que influenciariam o comportamento dos atores políticos e, por consequência, os resultados gerados em determinado ordenamento político. É por isso que boa parte dos trabalhos orientados por essa perspectiva acabou adquirindo uma postura normativa (recomendando aquilo que deve ou não deve ser feito) quanto ao desenho institucional.

No âmbito da ciência política, os estudos que procuram explicar o funcionamento da esfera política com base em uma lógica interna – ou seja, do funcionamento das próprias instituições – inserem-se em uma **perspectiva institucional de análise**. Por sua vez, as pesquisas que buscam explicações baseadas em uma lógica externa – isto é, por meio de variáveis situadas fora da esfera política, das clivagens sociais e das desigualdades regionais, por exemplo – fazem parte de uma **perspectiva societal de análise**.

Evidentemente, essa separação é meramente teórica: a realidade concreta é muito mais complexa, pois recebe influência de fatores diversos. Isso significa que os fenômenos políticos, além de serem regidos por regras próprias, também são influenciados por variáveis econômicas, sociais, culturais, entre outras. Portanto, a distinção entre essas duas perspectivas serve para que possamos ter em mente os diferentes pontos de partida que orientam os autores e suas pesquisas. A depender da linha adotada, pesquisadores tendem a variar imensamente os direcionamentos de suas análises: objetos examinados, metodologias utilizadas, resultados esperados etc. Dessa maneira, as perspectivas analíticas mencionadas não são excludentes, mas complementares, ou seja, são úteis para uma compreensão progressivamente mais acurada da política.

1.2.1 Problemas oriundos da combinação entre presidencialismo e multipartidarismo

Tendo em vista as discussões anteriores, passemos agora a avaliar os principais argumentos dos autores que, como já adiantamos, consideram o sistema político brasileiro como um caso desviante da normalidade institucional. Nessa seara, os especialistas mais enfáticos são aqueles que poderíamos chamar de *brasilianistas*, isto é, autores estrangeiros, em geral norte-americanos, que em algum momento tomaram o Brasil como objeto de estudo. Entre os brasilianistas que trataram do ordenamento político brasileiro, o mais célebre é, sem dúvida, o cientista político norte-americano Scott Mainwaring.

Para esse autor, assim como para Abranches, a especificidade do sistema político brasileiro não está em uma característica isolada, mas na combinação ou no arranjo institucional de algumas propriedades. Porém, diferentemente de Abranches – segundo o qual o arranjo institucional brasileiro corresponde, em boa medida, às clivagens sociais e regionais do país –, Mainwaring sustenta que a combinação institucional inaugurada em 1988 poderia ser extremamente prejudicial à estabilidade do sistema político brasileiro, podendo até mesmo colocar em risco a sobrevivência do regime democrático (Mainwaring, 1991; 1993). Vamos analisar em detalhes o argumento desse autor.

Para facilitar a compreensão, é preciso ter em mente o seguinte: de acordo com Mainwaring (1991, 1993), a instabilidade que colocaria em risco o regime democrático brasileiro tem origem na combinação de três pilares de nosso ordenamento político – os sistemas de governo, partidário e eleitoral.

Conforme Mainwaring (1993), o principal problema encontrado no ordenamento político brasileiro está relacionado à combinação entre presidencialismo e multipartidarismo. De forma mais específica, ao combinar um governo presidencialista com um sistema partidário fragmentado (no qual há muitos partidos relevantes, por exemplo), o ordenamento político brasileiro leva o chefe do Executivo a encontrar grandes dificuldades para contar com uma base de apoio estável no Congresso Nacional. De fato, todos os presidentes eleitos democraticamente no Brasil, durante os períodos analisados pelo autor (1946-1964 e 1985-1992), não puderam contar com o apoio majoritário no Congresso – exceção feita ao governo de Eurico Gaspar Dutra (1946-1951).

Essa situação se torna mais relevante, segundo Mainwaring (1993, p. 35), quando se considera que, em circunstâncias normais, "os presidentes precisam de leis para governar, e para aprovar leis eles precisam de apoio no Congresso". Isso ocorre, conforme o autor, porque sistemas de governo presidencialistas "não foram concebidos para engendrar uma liderança executiva decisiva e sim para promover a dispersão do poder" (Mainwaring, 1993, p. 62). Essa perspectiva poderia ser comprovada, no caso brasileiro, pela reiterada relevância atribuída ao Poder Legislativo como ator político, tanto no período de 1946-1964 quanto a partir de 1988 (Mainwaring, 1993).

Dessa maneira, mesmo sendo detentores de poderes constitucionais importantes – como atesta a ampla literatura dedicada ao presidencialismo latino-americano –, os presidentes, em geral, precisam de sustentação parlamentar para governar. Consequentemente, "isso sugere que, a despeito da importância que possam ter as prerrogativas constitucionais de presidentes e parlamentos, a natureza do sistema partidário e dos partidos faz uma enorme diferença acerca de como o presidencialismo funciona – ou não" (Mainwaring, 1993, p. 36).

Com base nessa constatação, é possível chegar à seguinte questão: Sem contarem com o apoio de um partido majoritário e tendo de recorrer ao Congresso para a aprovação de legislação ordinária, a fim de implementarem suas agendas, que tipo de saída restaria aos presidentes brasileiros? A resposta óbvia consiste em dizer que os chefes do Executivo no Brasil precisam recorrer a coalizões multipartidárias. Até aí, não haveria grandes problemas, pois é possível criar bases de sustentação estáveis ancoradas em coalizões multipartidárias – como ocorre em várias democracias europeias (Abranches, 1988).

Não obstante, é necessário considerar que a maioria esmagadora dessas democracias é parlamentarista e, como já mencionamos, o arranjo institucional tem mais relação com o ordenamento político do que com cada um de seus aspectos tomados isoladamente.

Assim, segundo Mainwaring (1993), há uma tendência desfavorável à formação de coalizões estáveis em sistemas presidencialistas, fundamentalmente por três razões. A primeira delas é que, no parlamentarismo, mesmo quando há necessidade de formar um governo multipartidário, são os partidos integrantes da coalizão vencedora das eleições que escolhem tanto os integrantes do gabinete quanto quem vai ser o primeiro-ministro. Esse vínculo cria uma predisposição (e, até mesmo, uma obrigação) de apoio ao Executivo por parte da coalizão que o escolheu. Em sistemas presidencialistas, por sua vez, a lógica é distinta: a prerrogativa de formar o gabinete ministerial – isto é, de escolher os ministros – é do presidente. Nesse caso, ainda que o presidente tenda a estabelecer acordos prévios com os partidos que lhe prometeram apoio, uma vez passada a eleição, os vínculos que os unem tendem a ser muito menos estreitos[7] (Mainwaring, 1993).

A segunda razão para a menor estabilidade de coalizões multipartidárias em sistemas presidencialistas decorre, em boa medida,

---

7   Lembremos que, em sistemas presidencialistas, tanto os mandatos dos parlamentares quanto o do presidente são fixos e independentes, o que, evidentemente, contribui para que os laços entre ambos sejam mais frouxos.

da primeira: conforme Mainwaring (1993), há menor grau de comprometimento com o governo por parte dos legisladores tomados individualmente. Desse modo, no parlamentarismo, cada integrante da coalizão encontra-se razoavelmente obrigado a apoiar o governo que ajudou a construir – sob pena de perder sua cadeira em eleições futuras, caso não vote de acordo com a orientação de seu partido. Essa obrigação pode ser revertida apenas se o partido ao qual pertence o parlamentar decidir se retirar da coalizão. Já em sistemas presidencialistas, o comportamento individual dos parlamentares tende a ser muito menos previsível, ou seja, ainda que o partido faça parte da aliança partidária que deve dar sustentação ao Poder Executivo, é possível que alguns de seus integrantes votem contra o governo (Mainwaring, 1993).

A terceira razão, ainda de acordo com o autor, diz respeito ao sentimento de responsabilidade para com o Poder Executivo por parte dos partidos que compõem a coalizão. No caso dos sistemas parlamentaristas, esses partidos se sentem (e, de fato, são) responsáveis pelo governo que ajudaram a constituir. Isso ocorre porque, no parlamentarismo, as coalizões são formadas após a eleição e vinculam ao Executivo os partidos que dela participam. Adicionalmente, quando o governo perde a confiança e o apoio do Parlamento, há, na grande maioria das democracias parlamentaristas, a possibilidade de se convocarem novas eleições, a fim de formar um novo governo com sustentação majoritária no Congresso (Mainwaring, 1993).

Nesse ponto, também há grande diferença em relação aos sistemas presidencialistas. Primeiramente, em função da separação entre os poderes Executivo e Legislativo, não existe o referido sentimento de responsabilidade dos partidos para com o governo – como já foi mencionado, a prerrogativa de elaborar o gabinete ministerial é do presidente. Além disso, no presidencialismo, as coalizões se formam antes das eleições, e os vínculos não precisam necessariamente ser mantidos após o pleito; logo, um partido pode apoiar um candidato durante a campanha eleitoral, mas não fazê-lo durante seu governo, caso seja eleito. Do mesmo modo, o presidente pode iniciar seu mandato com o apoio majoritário no Congresso e perdê-lo antes que seu governo acabe. Quando isso acontece, não há mecanismos compensatórios previstos: não existe voto de desconfiança ou possibilidade de convocar novas eleições, como ocorre no parlamentarismo. Dessa maneira, um presidente pode passar boa parte de seu mandato sem nenhum tipo de apoio no Parlamento (Mainwaring, 1993).

Por essa perspectiva, portanto, é possível afirmar, sinteticamente, que as relações entre os poderes Executivo e Legislativo tendem a ser muito menos estáveis em sistemas presidencialistas quando comparadas às que predominam em sistemas parlamentaristas. Nestes últimos, quando o chefe do Executivo precisa recorrer a coalizões multipartidárias, por via de regra, pode contar com uma maioria estável no Legislativo. Já sob o presidencialismo, a regra é que o presidente deve governar sem o apoio majoritário do Parlamento.

1.2.2 Agravantes oriundos do sistema partidário

De acordo com Mainwaring (1991), a condição predominantemente minoritária do presidente seria agravada pelo baixo nível de disciplina encontrado nos partidos. Essa indisciplina partidária, por sua vez, estaria relacionada a outro aspecto do ordenamento político brasileiro: seu sistema eleitoral (Mainwaring, 1991). Não obstante, mesmo no caso específico do Brasil, é preciso ter em mente que não se trata de atribuir o problema a uma característica isolada, mas de considerar o arranjo institucional existente. Vejamos como o argumento desse autor foi elaborado.

Produzindo no começo da década de 1990, Mainwaring (1991) não deixou de notar que a discussão acerca do sistema eleitoral brasileiro vinha sendo restringida a apenas um de seus aspectos: o sistema de representação, isto é, majoritário *versus* proporcional. De maneira mais específica, o debate centrava-se em criticar ou defender a representação proporcional, uma das características institucionais do sistema eleitoral brasileiro[8]. Na perspectiva do autor, no entanto, o problema não se origina na representação proporcional em si (ou, pelo menos, não só nela), mas em uma série de outros aspectos institucionais que, em conjunto, conformam um sistema eleitoral *sui generis*, no qual os políticos dispõem de um grau de autonomia em relação aos partidos que não pode ser encontrado em nenhum outro lugar do mundo (Mainwaring, 1991).

Assim, ainda segundo Mainwaring, diversos atributos do sistema eleitoral brasileiro contribuiriam para ampliar o processo de autonomização dos políticos diante dos partidos. O primeiro e mais importante deles seria o método de **lista aberta**, que é utilizado na representação proporcional para definir quais candidatos serão eleitos (e em qual ordem) levando-se em conta a quantidade de votos recebida pelos partidos em disputa. Há diversos tipos de lista e o que os diferencia é o resultado da seguinte equação: grau de controle exercido pelos partidos *versus* grau de liberdade de escolha permitida aos eleitores (Mainwaring, 1991).

Por um lado, em sistemas eleitorais nos quais se pretende conferir aos partidos maior controle sobre quais candidatos serão eleitos em cada legenda, opta-se por um dos modelos de **lista fechada**. Nesse

---

8   Esse debate é bastante amplo, mas uma visão geral dessa discussão pode ser encontrada em Lamounier (1982). Além disso, para um retrospecto histórico dos sistemas eleitorais brasileiros, sugerimos a leitura de Kinzo (1980).

tipo de eleição, os partidos definem a ordem dos postulantes presentes em suas respectivas listas paritárias. O eleitor, por sua vez, escolhe o partido no qual vai votar, e não o candidato. Como resultado, os nomes dos eleitos dependem da ordem predefinida pelos partidos e do número de cadeiras que estes conseguirem obter nas eleições (Mainwaring, 1991). Em termos práticos, se uma legenda obtiver nas urnas o direito de ocupar três cadeiras no Parlamento, serão eleitos os três primeiros candidatos da lista que ela definiu; se a legenda conquistar cinco cadeiras, serão eleitos os cinco primeiros nomes da lista; para dez cadeiras, serão eleitos os dez primeiros nomes da lista, e assim por diante.

Por outro lado, em sistemas eleitorais em que se pretende conferir maior peso à preferência dos eleitores, a opção geral é por um dos modelos de lista aberta existentes. Nesses modelos, além de votar em um dos partidos em disputa, o eleitor também tem a prerrogativa de escolher o candidato de sua preferência. Dessa forma, a lista de postulantes que cada legenda vai eleger será influenciada pelas preferências dos eleitores (Mainwaring, 1991). Retomando os exemplos recém-utilizados, podemos concluir que, se determinado partido conquistar nas urnas o direito de ocupar três cadeiras no Parlamento, serão eleitos os candidatos que obtiverem o maior número de votos individualmente; se o número de cadeiras conquistado for cinco, serão eleitos os cinco mais bem votados; para dez cadeiras, os dez mais bem votados, e assim sucessivamente.

Além disso, é preciso considerar que tanto o método de lista fechada quanto o de lista aberta admitem algumas variantes. Para o primeiro caso, há modelos em que cada partido em disputa dispõe de uma única lista, e outros em que cada partido apresenta várias listas para que o eleitor escolha dentre elas. Já para o segundo caso, há menos modelos que os de lista fechada e as fórmulas mudam, mas o objetivo geral é sempre garantir ao eleitor a chance de escolher tanto o candidato quanto o partido. Em outros termos, nas alternativas de lista aberta, o eleitor é obrigado a votar no partido, mas lhe é facultada a possibilidade de indicar também o candidato de sua preferência (Mainwaring, 1991). A variante de lista aberta utilizada no Brasil vai além disso. Em nosso país, o eleitor não é obrigado a escolher o partido de sua preferência, mas apenas o candidato. Dito de outro modo, o partido político não tem nenhum tipo de influência sobre quais de seus candidatos serão eleitos, já que o eleitor, ao escolher o postulante de sua preferência, é quem decide a ordem dos eleitos, independentemente das legendas às quais eles pertencem. Portanto, considerando-se que os métodos de lista procuram responder à equação anteriormente mencionada (controle partidário *versus* liberdade de escolha dos eleitores), é possível afirmar que o sistema eleitoral brasileiro oferece o máximo de liberdade de escolha aos eleitores. Nas palavras de Mainwaring (1991, p. 36), esse modelo "dá aos eleitores um peso relativo excepcional na escolha intrapartidária no período eleitoral", em detrimento das legendas partidárias.

Embora boa parte da autonomia concedida aos políticos brasileiros *vis-à-vis* seus partidos possa ser explicada pela "combinação de representação proporcional e sistema de lista aberta" (Mainwaring, 1991, p. 39), haveria, em nosso sistema eleitoral, outros agravantes. Entre os fatores de influência citados por Mainwaring (1991), destaca-se o número exagerado de candidatos que cada legenda pode oferecer aos eleitores em votações proporcionais (para vereadores, deputados estaduais e deputados federais). Nesses sufrágios, cada partido pode colocar em disputa uma quantidade equivalente a uma vez e meia o número de cadeiras em disputa[9]. Adicionalmente, não há no caso brasileiro nenhum tipo de mecanismo que possa vincular "os políticos a alguns compromissos programáticos e organizacionais mínimos" (Mainwaring, 1991, p. 41), como aqueles que estimulam ou obrigam políticos a votar de acordo com a orientação das lideranças partidárias.

Somando-se todos os aspectos, as características institucionais presentes em nosso sistema eleitoral tornam único o caso brasileiro: "nenhuma democracia do mundo ocidental dá aos políticos tanta autonomia em relação a seus partidos quanto o Brasil" (Mainwaring, 1991, p. 42). É justamente essa relação frouxa entre políticos e partidos que contribui decisivamente para a instabilidade das coalizões multipartidárias que deveriam dar sustentação aos presidentes brasileiros (Mainwaring, 1993).

Ainda de acordo com o autor, não bastasse a falta de apoio majoritário no Poder Legislativo – ao qual está sujeito o chefe do Poder Executivo de sistemas presidencialistas combinados com o multipartidarismo –, é preciso considerar, no caso específico do Brasil, um complicador proveniente de nosso sistema eleitoral: "a natureza indisciplinada dos partidos brasileiros" (Mainwaring, 1993, p. 36). Esse arranjo institucional inusitado – derivado da combinação das regras que compõem os sistemas de governo, partidário e eleitoral – tende a produzir uma instabilidade institucional crônica no ordenamento político brasileiro. Esse ambiente instável, por exemplo, impede que os presidentes brasileiros possam frequentemente contar com o suporte de seus próprios partidos – e menos ainda "com o

---

9 *A título de exemplo, isso significa que, em um estado onde o número de cadeiras em disputa é igual a 70, como em São Paulo, cada partido pode lançar até 105 candidatos diferentes.*

apoio dos demais partidos que os ajudaram a se eleger" (Mainwaring, 1993, p. 36).

Dito de outro modo, com base nesse ponto de vista, "as relações frouxas entre presidentes e partidos" tornaram a política "mais *ad hoc*, mais personalista e menos institucionalizada no Brasil" (Mainwaring, 1993, p. 41). Consequentemente, esses traços também contribuíram para aumentar as ocorrências de situações de impasse, imobilismo e paralisia das instituições – sobretudo envolvendo os poderes Executivo e Legislativo (Mainwaring, 1993).

Levando-se em conta esse panorama, é possível compreender melhor duas outras características históricas do presidencialismo brasileiro, apontadas por Mainwaring (1993, p. 56): de um lado, uma certa inclinação suprapartidária ou antipartidária; de outro, uma tendência histórica de tentar "passar por cima do Congresso". O primeiro aspecto se refere à facilidade e à frequência com que candidatos com vínculos fracos ou inexistentes com partidos políticos conseguem chegar à presidência – alguns, aliás, ostentando discursos antipartidários, como os casos de Eurico Gaspar Dutra, Getúlio Vargas, Jânio Quadros e Fernando Collor. O segundo diz respeito à estratégia, amplamente utilizada pelos presidentes brasileiros, de implementar políticas públicas via "agências e decretos executivos" (Mainwaring, 1993, p. 56).

Para além das características pessoais dos representantes ou da cultura política brasileira, os dois aspectos históricos do presidencialismo brasileiro mencionados anteriormente estão relacionados aos problemas institucionais com os quais os presidentes eleitos democraticamente têm de lidar. Assim, conforme apontado por Mainwaring (1993), seria justamente em decorrência das dificuldades em conseguir viabilizar suas próprias agendas pela via institucional comum – isto é, com o apoio do Parlamento – que os presidentes procurariam restringir "o âmbito de ação do Congresso"; criar "novas agências executivas"; distribuir "patronagem para ganhar o apoio de alguns políticos"; viabilizar "reformas constitucionais que expandam seus poderes"; e "enfraquecer o Congresso e os partidos como forma de aplainar o próprio caminho" (Mainwaring, 1993, p. 17).

Como é possível perceber pelo que foi exposto, os problemas identificados no sistema político brasileiro podem ser explicados considerando-se variáveis institucionais. De forma mais específica, questões como instabilidade política, dificuldades no processo de implementação de políticas públicas ou mesmo o estímulo à ampliação do gasto e à corrupção financeira em campanhas eleitorais são abordadas com base no arranjo institucional que regula o ordenamento político brasileiro – notadamente, os sistemas de governo, partidário e eleitoral.

É interessante notar que na abordagem institucionalista não há espaço para as variáveis de cunho societal, mencionadas no início desta seção. Desse modo, fatores como clivagens socioeconômicas, heranças culturais, estágio do desenvolvimento capitalista, entre tantos outros, não fazem parte do conjunto de variáveis utilizadas para explicar o funcionamento do ordenamento político, o qual, conforme a perspectiva enfocada aqui, é explicado por elementos internos, isto é, localizados no interior do próprio sistema político.

Síntese

No decorrer deste capítulo, analisamos a diferença entre os sistemas de governo parlamentaristas e presidencialistas. Mostramos que o sistema de governo brasileiro apresenta algumas singularidades tanto em relação aos sistemas parlamentaristas quanto em relação aos sistemas presidencialistas puros. São essas singularidades que inspiraram interpretações pessimistas quanto ao funcionamento geral de nosso sistema político.

Questões para revisão

1. Com relação ao sistema de governo parlamentarista, disserte sobre a fonte de legitimidade do mandato do chefe do Poder Executivo – nesse caso, o primeiro-ministro.

2. Com relação ao sistema de governo presidencialista, comente a respeito da fonte de legitimidade dos mandatos do chefe do Poder Executivo – nesse caso, o presidente – e dos integrantes do Poder Legislativo.

3. Assinale a alternativa que indica as principais características do arranjo institucional do sistema político brasileiro:
   a) Parlamentarismo, bipartidarismo e representação majoritária.
   b) Presidencialismo, multipartidarismo e representação proporcional de lista aberta.
   c) Presidencialismo, bipartidarismo e representação proporcional de lista aberta.
   d) Presidencialismo, multipartidarismo e representação proporcional de lista fechada.
   e) Parlamentarismo, multipartidarismo e representação proporcional de lista aberta.

4. Leia atentamente as sentenças a seguir acerca da interpretação clássica de Sérgio Abranches (1988) sobre o sistema político brasileiro:

I) Segundo a interpretação de Abranches, o sistema político brasileiro mistura presidencialismo, multipartidarismo e representação proporcional.

II) Para Abranches, o Brasil organiza o Poder Executivo com base em grandes coalizões.

III) De acordo com Abranches, o arranjo institucional poderia colocar em risco a democracia brasileira.

Agora, assinale a alternativa correta:

a) Todas as sentenças estão corretas.
b) Todas as sentenças estão incorretas.
c) Apenas a sentença I está correta.
d) Apenas a sentença II está correta.
e) Apenas as sentenças I e II estão corretas.

5. Leia atentamente as sentenças a seguir, referentes à interpretação de Scott Mainwaring (1991, 1993) a respeito do sistema político brasileiro, e classifique-as como verdadeiras (V) ou falsas (F):

( ) A instabilidade do ordenamento político brasileiro, segundo Mainwaring, apresenta três pilares: o sistema de governo, o sistema partidário e o sistema eleitoral.

( ) O principal problema do ordenamento político brasileiro, de acordo Mainwaring, é a combinação entre presidencialismo e multipartidarismo.

( ) O problema fundamental do ordenamento político brasileiro, para Mainwaring, é agravado por algumas regras do sistema eleitoral.

( ) O arranjo institucional inusitado do ordenamento político brasileiro poderia colocar em risco a sobrevivência do regime democrático no país.

Agora, assinale a alternativa que apresenta a sequência correta:

a) V, V, V, V.
b) F, F, F, F.
c) V, F, V, F.
d) V, F, F, V.
e) F, V, F, V.

Questões para reflexão

1. Reflita sobre quais são os problemas que, de fato, podem ser associados ao presidencialismo de coalizão.

2. É necessário que o sistema de governo brasileiro passe a ser parlamentarista para diminuir o número de partidos representados no Congresso Nacional?

3. Quais deveriam ser os pontos principais de uma eventual reforma do sistema político brasileiro?

Para saber mais

NICOLAU, J. Como aperfeiçoar a representação proporcional no Brasil. **Cadernos de Estudos Sociais e Políticos**, Rio de Janeiro, v. 4, n. 7, p. 101-121, jan./jun. 2015. Disponível em: <http://www.e-publicacoes.uerj.br/index.php/CESP/article/view/18998/13820>. Acesso em: 20 mar. 2018

_____. Crônica de uma derrota (ou será vitória?) anunciada? **Insight Inteligência**, Rio de Janeiro, v. 10, n. 39, p. 220-226, dez. 2007. Disponível em: <http://insightinteligencia.com.br/pdfs/39.pdf>. Acesso em: 20 mar. 2018.

REIS, B. P. W. Políticos, cientistas políticos e sua conversa de surdos: considerações sobre a quase implantação do voto único não transferível no Brasil. **Em Debate**, Belo Horizonte, v. 7, n. 3, p. 29-46, 2015. Disponível em: <http://opiniaopublica.ufmg.br/site/files/artigo/5-Dossie-Julho-2015-Bruno-Reis3.pdf>. Acesso em: 20 mar. 2018.

Sugerimos a leitura dos três artigos para o leitor interessado em saber um pouco mais sobre o debate acerca das possibilidades de mudança no ordenamento político brasileiro.

Capítulo 2
Funcionamento do presidencialismo brasileiro: governabilidade e legitimidade

Conteúdos do capítulo:

- Relações entre presidencialismo de coalizão e governabilidade.
- Relações entre presidencialismo de coalizão e legitimidade.
- Custos associados ao presidencialismo de coalizão.

Após o estudo deste capítulo, você será capaz de:

1. distinguir entre a funcionalidade e a legitimidade do presidencialismo brasileiro;
2. compreender por que o presidencialismo de coalizão é governável;
3. identificar os custos que podem ser associados ao sistema de governo brasileiro.

No capítulo anterior, destacamos que o debate acerca do sistema político brasileiro pós-ditadura (1964-1985) iniciou-se ainda no período de transição entre regimes. Na verdade, conforme notado por Camila Lameirão (2016, p. 18), toda a discussão latino-americana em torno do presidencialismo – a partir do início dos anos de 1980, quando os regimes autoritários da região começaram a ruir – acabou sendo influenciada "por trabalhos acadêmicos que tratavam da transição política em andamento".

Tanto é verdade que houve, durante certo período, uma área de pesquisa na ciência política dedicada a estudar os processos de transição entre regimes e de consolidação de novas democracias. Essa área, evidentemente, teve como objetos de estudo os países do Leste Europeu e da América Latina, que passaram por processos de redemocratização durante a segunda metade do século XX. Tendo em vista nossos propósitos, vale ressaltar que parte expressiva dessa literatura dedicou-se à discussão das formas assumidas pelos novos sistemas políticos à medida que estavam sendo construídos.

No caso dos países latino-americanos, a principal preocupação dos autores brasilianistas era com relação à adoção de um sistema de governo presidencialista. Como também notou Lameirão (2016, p. 18), "Esses trabalhos levantavam questionamentos sobre a capacidade do sistema presidencialista em sustentar um regime democrático estável". Ou seja, de acordo com essa literatura, o presidencialismo diminuiria as chances de sobrevivência das novas democracias do continente – dada a tendência à instabilidade associada a esse sistema de governo (Linz, 1990), sobretudo quando relacionado a um sistema partidário fragmentado (Mainwaring, 1993).

De volta ao caso que nos interessa aqui, as previsões catastróficas acerca do funcionamento do sistema político brasileiro, produzidas entre o final dos anos de 1980 e meados da década de 1990 (cujos contornos foram delineados no capítulo anterior), não se concretizaram. Em outros termos, durante as décadas que sucederam à promulgação do malfadado arranjo institucional inaugurado pela Constituição de 1988, o sistema político não ruiu nem colocou em risco o regime democrático – como anteviam algumas daquelas interpretações. Por que isso não aconteceu?

A resposta a essa questão foi dada por uma importante literatura de ciência política, produzida no Brasil, que se dedicou a estudar o real funcionamento do processo decisório sob o presidencialismo. Conforme notado por Lameirão (2016, p. 19), essa literatura (Figueiredo; Limongi, 1994, 2001b; Santos, F., 1997, 1999; Amorim Neto, 2000; Nicolau, 2000; Amorim Neto; Santos, 2001) foi "fortemente influenciada pelo seminal artigo de Sérgio Abranches (1988)" e foi produzida, em boa medida, "como uma resposta a esses questionamentos que punham em dúvida a estabilidade do sistema presidencial em contextos políticos semelhantes ao brasileiro".

Essa literatura, como mostraremos a seguir, evidenciou que o funcionamento do processo decisório no sistema político brasileiro não é tão diferente daquele observado em outras democracias mundo afora, isto é, que o presidencialismo de coalizão é tão governável quanto a maioria das democracias parlamentaristas europeias. Não obstante, ainda que esse sistema de governo garanta aos presidentes a governabilidade necessária, a opinião pública em geral tem manifestado questionamentos sobre a legitimidade do processo decisório – influenciada, sobretudo, pelas recorrentes denúncias de corrupção envolvendo inúmeros agentes das esferas política e empresarial.

Nas seções seguintes, trataremos destes dois aspectos relacionados ao funcionamento do presidencialismo brasileiro, quais sejam: sua governabilidade e sua legitimidade. Inicialmente, delinearemos os principais achados empíricos da literatura especializada no processo decisório do presidencialismo brasileiro, os quais atestam sua governabilidade. Em seguida, apresentaremos alguns questionamentos mais recentes acerca da legitimidade do processo decisório sob o presidencialismo de coalizão.

(2.1)
PRESIDENCIALISMO DE COALIZÃO
E GOVERNABILIDADE

Entre os pesquisadores que seguiram o caminho apontado pelo artigo de Abranches (1988) e se dedicaram a estudar o real funcionamento do sistema político brasileiro no interior da ciência política, os nomes mais célebres são os de Argelina Figueiredo e Fernando Limongi. Os resultados das pesquisas realizadas por esses autores, seja individualmente, seja em dupla, permitiram que fossem questionadas as principais conclusões da literatura brasilianista sobre o presidencialismo brasileiro mencionada anteriormente. De acordo com Limongi (2006, p. 40), "Nada autoriza tratar o sistema político brasileiro como singular", porque não há evidências empíricas para sustentar a propalada indisciplina dos partidos nacionais ou para demonstrar a existência de um Legislativo que atua para barrar as iniciativas do Executivo. O que os dados mostram é um amplo predomínio deste sobre aquele e um Congresso que age e "vota de maneira disciplinada" (Limongi; Figueiredo, 1998, p. 82).

Como é possível compreender que um sistema político supostamente tão singular – do ponto de vista de seu arranjo institucional, conforme visto no capítulo anterior – possa funcionar de maneira satisfatória? Lembremos que a singularidade do sistema político brasileiro, segundo seus defensores, originava-se no amálgama de um sistema de governo presidencialista, um sistema de partidos multipartidário (Abranches, 1988; Mainwaring, 1993) e um sistema eleitoral que, por sua vez, combinava representação proporcional e lista aberta (Mainwaring, 1991).

Esse debate em torno da engenharia institucional do sistema político em gestação esteve presente durante o longo processo de transição iniciado em 1985 e tem sido recolocado em pauta, desde então, quando o assunto é **reforma política**. À época da redemocratização, como notam Figueiredo e Limongi (2001a, p. 19), o argumento de muitos analistas era o de que a consolidação do regime que estava sendo gestado dependia da "rejeição da estrutura institucional que presidira a malsucedida experiência democrática anterior"[1]. Além disso, a manutenção da fórmula institucional daquele período tenderia a reproduzir "a explosiva combinação entre presidencialismo e um sistema pluripartidário" pouco institucionalizado (Figueiredo; Limongi, 2001a, p. 19).

O arranjo institucional inaugurado pela Constituição de 1988, no entanto, conforme observado no capítulo anterior, manteve os principais pilares daquele que vigorara no período de 1946 a 1964, algo que é corroborado por Figueiredo e Limongi (2001, p. 19), quando sustentam que a Carta de 1988 "não adotou qualquer das reformas defendidas pelos adeptos da engenharia institucional". Assim, tanto o presidencialismo (confirmado pelo plebiscito de 1993) quanto o multipartidarismo e a legislação eleitoral (sistema de representação proporcional de lista aberta) foram mantidos. Isso levou grande parte dos analistas, segundo os autores, a insistir "em afirmar que a base institucional que determina a lógica do funcionamento do

---

1 *Para esses autores – adeptos da engenharia institucional –, o arranjo institucional daquele período teria contribuído fortemente para o golpe militar de 1964, produzindo grande instabilidade, impasses nas relações entre os poderes Executivo e Legislativo, paralisia decisória etc.*

sistema político brasileiro" não havia sido alterada, isto é, continuaria sendo "a mesma do sistema criado em 1946" (Figueiredo; Limongi, 2001a, p. 19).

Uma questão pertinente a esta altura é se as lógicas de funcionamento do processo decisório nos dois períodos democráticos mencionados são, de fato, as mesmas. A dúvida se justifica porque os analistas que sustentam esse argumento se baseiam nas semelhanças entre os dois arranjos institucionais, ou seja, considera-se que, mantendo-se a estrutura institucional, permanece também sua forma de funcionamento. Em termos mais claros: nessa perspectiva, a lógica de operação do regime democrático inaugurado em 1988 é deduzida com base na conservação da estrutura institucional instituída em 1946. Dessa forma, esses analistas não observaram o real funcionamento do processo decisório no atual regime, mas deduziram que ele seria semelhante ao anterior, dada a manutenção da estrutura institucional.

Essa problemática levou estudiosos a conduzir pesquisas empíricas a fim de verificar se o argumento dedutivo – mencionado anteriormente – se sustentava indutivamente, isto é, com base na observação da realidade. A conclusão? De acordo com Figueiredo e Limongi (2001a, p. 19-20), "o quadro institucional que emergiu após a promulgação da Constituição de 1988 está longe de reproduzir aquele experimentado pelo país" em 1946. E prosseguem os autores: "as bases institucionais do sistema político nacional" foram decisivamente modificadas, "alterando radicalmente o seu funcionamento" (Figueiredo; Limongi, 2001a, p. 20). Esse argumento é corroborado por Fabiano Santos (1997), para quem o padrão de relacionamento entre os poderes Executivo e Legislativo sofreu alterações importantes, ao se considerarem os dois períodos democráticos mais recentes.

A questão que se impõe, assim, é analisar o que produziu as referidas modificações, já que as medidas de engenharia institucional não foram contempladas pela Carta de 1988. De acordo com a literatura que se especializou em instituições políticas brasileiras, as transformações ocorridas podem ser resumidas em dois tipos principais: i) o chamado *poder de agenda* à disposição do Executivo; ii) e o papel desempenhado pelos líderes partidários. Esses fatores, em conjunto, seriam os responsáveis por fazer o processo legislativo brasileiro ser, em boa medida, controlado pelo Executivo e pelos partidos – tal qual ocorre em boa parte das democracias mundo afora (Limongi, 2006; Figueiredo; Limongi, 2001a; Santos, F., 1997).

2.1.1 PODER DE AGENDA DO PRESIDENTE E RELEVÂNCIA DOS PARTIDOS POLÍTICOS

Dada a importância dos elementos discutidos na seção anterior para a compreensão do funcionamento do sistema político brasileiro, vamos analisá-los, a partir deste ponto, de forma mais detida. Antes disso, porém, vale relembrar e resumir os argumentos com os quais dialogam os autores enfocados aqui. Abordados no capítulo anterior, tais argumentos, pouco otimistas, têm relação com o arranjo institucional existente na democracia brasileira – notadamente, a combinação entre presidencialismo e multipartidarismo. Conforme já mencionamos, ao reunir características institucionais teoricamente incompatíveis, o sistema político brasileiro estaria fadado ao fracasso pelo fato de gerar vários problemas: presidentes sem apoio majoritário, necessidade de recorrer a governos de coalizão, partidos indisciplinados, impasses nas relações entre Executivo e Legislativo, paralisia decisória, ingovernabilidade etc. Foi esse tipo de interpretação que levou diversos pesquisadores da ciência política a se debruçarem sobre o real funcionamento do sistema político brasileiro – ao fazê-lo, esses pesquisadores se depararam com um cenário no qual o processo legislativo era, segundo eles, controlado pelo presidente e pelos partidos políticos.

No que se refere ao protagonismo do Executivo, de acordo Figueiredo e Limongi (2001a), ele passou a ocorrer porque a Constituição de 1988 ampliou imensamente os poderes legislativos do presidente da República, quando comparados aos do período regido pela Carta de 1946. Isso se deu porque, como mostram os mesmos autores em outro trabalho (Figueiredo; Limongi, 2001c), houve uma continuidade legal (pouco notada, por sinal) entre os períodos ditatorial-militar (1964-1985) e democrático (inaugurado em 1988). Os autores explicam que a Constituição de 1988, embora tenha devolvido ao Congresso os poderes que lhe foram retirados durante a ditadura, manteve boa parte dos poderes legislativos que haviam sido atribuídos ao Executivo naquele período. Ou seja, muitas das prerrogativas que permitiram ao Poder Executivo dirigir o processo legislativo durante a ditadura militar não foram revogadas (Figueiredo; Limongi, 2001c).

Entre as prerrogativas elencadas pelos autores (Figueiredo; Limongi, 2001c), vale destacar as duas principais. Uma delas refere-se ao chamado *regime de urgência* das proposições iniciadas pelo Poder Executivo. Essa peculiaridade, atribuída ao Executivo pela Constituição de 1988, permite ao presidente acelerar os processos de tramitação dos projetos de lei por ele propostos, já que impõe a cada uma das duas casas (Câmara dos Deputados e Senado Federal), sucessivamente, 45 dias para se manifestar acerca do projeto proposto; transcorrido esse prazo, a proposição vai a votação, passando a figurar automaticamente na ordem do dia, conforme exposto no art. 64, parágrafo 2º, da Constituição de 1988 (Brasil, 1988).

Esse expediente, como notam os autores, é comparável ao "regime de tramitação extraordinária para projetos de lei de sua autoria"

(Figueiredo; Limongi, 2001c, p. 44) do qual dispunha o Executivo durante o período ditatorial-militar – embora a continuidade não seja absoluta, visto que, naquele período, "o silêncio do Congresso implicava a aprovação da matéria enviada" (Figueiredo; Limongi, 2001c, p. 44). Atualmente, a matéria entra em tramitação, mas é facultado ao Legislativo aprová-la ou não.

A outra prerrogativa é mais conhecida, em razão de figurar mais regularmente nos noticiários políticos: a capacidade do presidente de editar medida provisória (MP), prevista no art. 62 da Constituição de 1988 (Brasil, 1988), "em casos de relevância e urgência" (Figueiredo; Limongi, 2001a, p. 25). Atualmente, como se sabe, uma MP passa a vigorar com força de lei a partir da data de sua promulgação durante um período de 60 dias. Durante esse intervalo, o Congresso Nacional é obrigado a apreciá-la, podendo aprová-la, modificá-la ou rejeitá-la (Brasil, 2018b).

Também nesse caso, o paralelo com o período autoritário é notado pelos autores, considerando-se que "A Constituição de 1967, em seu art. 58, conferiu ao presidente o poder de editar decretos-leis em casos de 'urgência ou relevante interesse público'" (Figueiredo; Limongi, 2001c, p. 44). Novamente, a continuidade não é absoluta; a principal diferença é que, naquela época, o decreto-lei, caso não fosse apreciado pelo Congresso em até 60 dias, "era automaticamente aprovado por decurso de prazo"[2] (Figueiredo; Limongi, 2001c, p. 44).

No que se refere à relevância dos partidos políticos para o processo legislativo, por sua vez, o texto constitucional de 1988 é um dispositivo legal menos importante do que o Regimento Interno

---

2 *Atualmente, a MP perde a validade caso não seja apreciada pelo Congresso Nacional em até 60 dias. Quando isso ocorre, o Congresso pode legislar a respeito das modificações produzidas pela MP durante sua vigência.*

da Câmara dos Deputados – RICD (Brasil, 2017), o qual, de acordo com Figueiredo e Limongi (2001c, p. 45), apesar de ter sido justificado como necessário para "adequar a organização interna do Poder Legislativo ao novo quadro constitucional", não chegou a alterar de modo significativo a forma de organização do trabalho legislativo. Assim, conforme os autores, após a promulgação do regimento, aprovado pela Resolução n. 17, de 1989 (Brasil, 1989), o processo legislativo continuou sendo "dirigido e controlado por um número restrito de parlamentares, os membros do colégio de líderes, e converge quase exclusivamente para o plenário, em detrimento do trabalho das comissões" (Figueiredo; Limongi, 2001c, p. 45).

Em outros termos, o padrão centralizado de organização dos trabalhos legislativos, que havia caracterizado tanto o período ditatorial-militar quanto o constituinte, continuou prevalecendo após a promulgação do RICD, em virtude do fato de que esse documento "institucionalizou o colégio de líderes" (Figueiredo; Limongi, 2001c, p. 46), composto pelo presidente da Câmara e pelos líderes da maioria e da minoria na Casa, além dos líderes de cada partido e de cada bloco parlamentar. Adicionalmente, o regimento atribuiu ao colégio de líderes "estatuto de órgão auxiliar da Mesa Diretora da Casa nas principais tarefas relativas à organização dos trabalhos legislativos" (Figueiredo; Limongi, 2001c, p. 46).

Dito isso, a questão que surge, em termos práticos, é de que forma o colégio de líderes influencia na organização dos trabalhos legislativos. De acordo com os referidos autores, isso ocorre, sobretudo, por meio do instituto da tramitação de urgência, regida pelo art. 151 do RICD (Brasil, 2017), segundo o qual o regime de tramitação "pode ser alterado de ordinário para especial no caso de matérias 'reconhecidas, por deliberação do plenário, de caráter urgente'" (Figueiredo; Limongi, 2001c, p. 47). Na prática, argumentam os autores, isso significa que "a matéria é retirada da Comissão e incluída na ordem do dia para apreciação pelo plenário", acelerando o processo de tramitação (Figueiredo; Limongi, 2001c, p. 47).

Adicionalmente, como ressaltam os mesmos autores, assinalar a relevância do colégio de líderes para o processo legislativo não significa que o papel de destaque assumido pelos líderes partidários se restrinja a sua participação naquele colegiado. É preciso considerar também que os líderes partidários podem influenciar no processo legislativo simplesmente utilizando o peso qualificado "de suas assinaturas para efeito de requerimentos, pedidos de destaques, apresentação de emendas etc." (Figueiredo; Limongi, 2001c, p. 47), já que, nesses casos, a manifestação do líder é tomada como a manifestação de sua bancada.

É por isso que, de acordo com a literatura dedicada ao funcionamento das instituições políticas brasileiras, o processo legislativo no Brasil pós-redemocratização é, em boa medida, controlado pelo Executivo e pelos partidos políticos – nada muito diferente do que acontece em outras democracias pelo mundo. Dessa forma, como discutimos, embora a engenharia institucional do sistema político brasileiro tenha permanecido inalterada (presidencialismo, multipartidarismo e regras eleitorais), a estrutura institucional que passou a vigorar a partir de 1988 forneceu amplas prerrogativas ao presidente da República e aos partidos (líderes partidários), possibilitando que esses atores organizem o processo legislativo, tornando o sistema político brasileiro tão disciplinado e previsível quanto o de muitas das democracias parlamentaristas europeias (Figueiredo; Limongi, 2001a, 2001c; Limongi, 2006; Santos, F., 1997).

Não obstante o funcionamento organizado e previsível da base de apoio dos presidentes brasileiros – como é possível observar, sobretudo, a partir de 1994 –, os questionamentos acerca de nosso sistema de governo não desapareceram. Mais do que isso: diversos problemas supostamente associados ao presidencialismo de coalizão – notadamente, uma suposta relação estreita entre esse sistema de governo e atos ilícitos – têm sido ruidosamente destacados no debate político em geral. A questão que se impõe, portanto, é a seguinte: Por que um sistema de governo aparentemente funcional, conforme demonstramos, continua a nutrir a desconfiança de parte importante de eleitores, jornalistas, pesquisadores e até de políticos?

(2.2)
Presidencialismo de coalizão e legitimidade

Já destacamos que a Constituição de 1988 ratificou o arranjo institucional que caracterizara o período democrático anterior (1946-1964), ou seja, a combinação entre presidencialismo e multipartidarismo, além de uma legislação eleitoral que combina sistema de representação proporcional com lista aberta. Por conta disso, muitos analistas "insistem em afirmar que a base institucional que determina a lógica do funcionamento do sistema político brasileiro não foi alterada e que, portanto, continua a ser a mesma do sistema criado em 1946" (Figueiredo; Limongi, 2001a, p. 19).

Esses analistas, no entanto, insistem nesse argumento, por via de regra, sem olhar para o processo decisório e sem atentar para as mudanças introduzidas pelo texto constitucional promulgado em 1988 (Limongi, 2006). O motivo disso é que, como já afirmamos, "A Carta de 1988 modificou as bases institucionais do sistema político nacional, alterando radicalmente o seu funcionamento" (Figueiredo; Limongi, 2001a, p. 20) – principalmente naquilo que se refere aos poderes legislativos atribuídos ao presidente e aos recursos disponíveis às lideranças partidárias. Esses e outros fatores presentes na estrutura institucional fazem com que o processo legislativo, sob o presidencialismo de coalizão, seja controlado pelo presidente e pelos partidos – como ocorre, de resto, na maioria das democracias existentes (Figueiredo; Limongi, 2001a, 2001c; Limongi, 2006; Santos, F., 1997).

Da perspectiva da literatura especializada no funcionamento das instituições políticas nacionais, o Brasil pós-redemocratização é, em uma palavra, **governável**. Esse aspecto se torna mais relevante quando se considera que a governabilidade era uma das principais preocupações dos constituintes. De acordo com Limongi (2008), essa preocupação esteve presente nos dois lados da acirrada disputa entre defensores do presidencialismo e do parlamentarismo. Como explica o autor, "os dois campos – presidencialistas e parlamentaristas – defendiam que era necessário dotar o Poder Executivo dos meios necessários para produzir decisões" (Limongi, 2008, p. 24). Para tanto, seria preciso modernizar o Legislativo, "evitando que este viesse a se tornar um obstáculo ao funcionamento regular do governo" (Limongi, 2008, p. 24).

Além disso, de acordo com a concepção majoritária dos constituintes, "o sucesso da democracia dependia da capacidade de o governo dar respostas efetivas e rápidas às crescentes demandas" (Limongi, 2008, p. 25) da sociedade. Assim, o processo decisório precisaria "ser dotado de eficiência", uma vez que "protelar decisões seria uma forma de alimentar crises" (Limongi, 2008, p. 25).

Fica claro, portanto, que *governabilidade* – conforme essa perspectiva – significa capacidade de produzir decisões. Mais do que isso: significa produzir decisões diretamente do Poder Executivo, já que o Legislativo seria caracterizado pelo "conservadorismo" e pela "morosidade" (Limongi, 2008, p. 25). Sem entrar no mérito teórico dessa concepção, é preciso ter em mente que a governabilidade, segundo esse enfoque, representa a capacidade de o Poder Executivo aprovar sua agenda. Entendida dessa forma, não resta dúvida: o Brasil da Nova República, sobretudo a partir de 1994, é um país governável. O conjunto de dados produzido a esse respeito é bastante robusto. Relembremos alguns: as taxas de sucesso e de dominância do Executivo brasileiro são comparáveis às presentes em democracias parlamentaristas: 70,7% e 80,5%, para o período entre 1989 e 2006. Isso significa que mais de 70% das iniciativas legislativas dos presidentes foram bem-sucedidas e que, por sua vez, mais de 80% das proposições que tramitaram no Legislativo foram de iniciativa do Executivo. Adicionalmente, isso é possível porque a base de apoio ao governo é disciplinada: a taxa média de disciplina é de 87,4% (Limongi, 2006). Esse número é dado pela proporção de deputados contemplados na distribuição de pastas ministeriais que votaram de acordo com a recomendação do líder do governo, ou seja, "o que o Executivo submete ao Legislativo é, em geral, aprovado" (Limongi, 2006, p. 24).

Posto isso, como é possível compreender a desconfiança e, em muitos casos, a indignação em relação à forma de funcionamento do sistema político brasileiro ou, mais especificamente, de seu sistema de governo, o presidencialismo de coalizão? A resposta, naturalmente, não pode ser obtida com base no argumento da falta de governabilidade (conforme a acepção mencionada anteriormente): as coalizões de apoio aos três últimos presidentes do Brasil tinham maioria no Congresso[3].

---

3 *A base de apoio da ex-presidente Dilma Rousseff apenas deixou de ser majoritária no começo de 2016, depois que o então presidente da Câmara dos Deputados, Eduardo Cunha, aceitou um dos pedidos de impeachment contra ela. Voltaremos a esse assunto nas seções seguintes.*

Não obstante, a ideia de governabilidade envolve, sobretudo em regimes democráticos, outra dimensão, a qual, como bem notou Leonardo Avritzer (2016), está relacionada à legitimidade do processo decisório perante a opinião pública. É possível perceber que, segundo essa perspectiva, a noção de *governabilidade* fica mais exigente: não basta mais que o presidente consiga aprovar sua agenda no Congresso, pois a forma como isso é feito também precisa parecer legítima aos observadores – cidadãos e opinião pública em geral.

Ao analisar o presidencialismo de coalizão por essa ótica, Avritzer (2016) observa que os custos associados à manutenção da governabilidade nesse sistema de governo tornam-se cada vez maiores. Além disso, eles estariam associados a três fatores: i) fragmentação partidária crescente; ii) desorganização administrativa; e iii) propensão à corrupção (Avritzer, 2016). Nas seções seguintes, vamos considerar cada um desses três fatores, com o propósito de esclarecer o argumento construído por Avritzer (2016).

2.2.1 Custos relacionados à governabilidade no presidencialismo de coalizão

O **primeiro fator** relacionado aos custos associados à manutenção da governabilidade no presidencialismo de coalizão, de acordo com Avritzer (2016), é a progressiva **fragmentação do sistema partidário** brasileiro. Essa fragmentação não é novidade e há tempos suas causas e seus impactos nocivos para o funcionamento do sistema político vêm sendo investigados. Mesmo sem desenvolvermos esse assunto nesta obra, vale lembrar que os efeitos deletérios decorrentes desse alto fracionamento geralmente estão ligados à instabilidade institucional e às dificuldades para governar (Mainwaring, 1991, 1993).

Por sua vez, as causas fundamentais desse fenômeno estariam vinculadas à permissividade de nosso sistema eleitoral (Nicolau, 1996). O argumento de Avritzer (2016) também segue por esse caminho. De acordo com o autor, a fragmentação partidária crescente no Brasil está relacionada à relativa facilidade com que se pode criar um novo partido e à ausência de constrangimentos legais para que as novas legendas possam acessar os recursos disponíveis. Assim, superando-se algumas poucas dificuldades burocráticas – como conseguir determinado número de assinaturas em alguns poucos estados –, consegue-se criar um novo partido e, automaticamente, franqueia-se o acesso deste ao fundo partidário e ao horário eleitoral gratuito (tempo de propaganda gratuita em emissoras de rádio e televisão) – ambos financiados com recursos públicos. Esse processo, ainda segundo Avritzer (2016, p. 9), pelo fato de apresentar "baixo custo de entrada" aos novos partidos, permite que eles enxerguem a política como um negócio, cujo objetivo é conseguir acesso aos cargos distribuídos pelo Executivo.

Como resultado, o Brasil atualmente conta com 35 partidos registrados em seu sistema eleitoral, sem contar os registros pendentes que, caso sejam aprovados, culminarão em um total de 90 legendas partidárias registradas (Barbosa; Schaefer; Ribas, 2017). Das 35 legendas registradas, 28 estão representadas no Congresso Nacional, isto é, dispõem de ao menos uma cadeira no Poder Legislativo. Ressaltamos que o número efetivo de partidos[4] na Câmara dos Deputados vem crescendo exponencialmente desde a redemocratização, conforme mostra o Gráfico 2.1.

---

4   O *número efetivo de partidos* refere-se à quantidade de legendas partidárias com votos suficientes para influenciar em votações legislativas. Para tanto, a fórmula leva em conta tanto o número de cadeiras na Assembleia quanto o número de parlamentares em cada legenda.

Gráfico 2.1 – Evolução do número efetivo de partidos no Brasil (1985-2014)

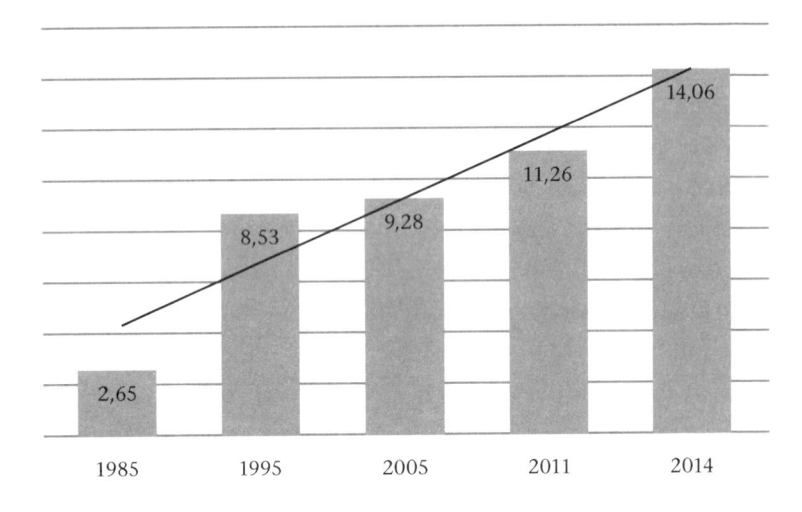

[Gráfico de barras: 1985: 2,65; 1995: 8,53; 2005: 9,28; 2011: 11,26; 2014: 14,06]

Fonte: Adaptado de Schreiber, 2016.

O **segundo fator** que, de acordo com Avritzer (2016), tende a ampliar os custos associados à manutenção da governabilidade no presidencialismo de coalizão – qual seja, a **desorganização administrativa** por ele produzida – também está relacionado a uma tradição antiga de pesquisa. Mais do que isso: remonta a um problema sociológico clássico – as relações entre Estado e sociedade no Brasil – e às questões presentes nas grandes interpretações acerca da sociedade brasileira. Esse assunto, no entanto, também não será desenvolvido nesta obra. Portanto, vamos apenas lembrar que um dos traços fundamentais de nossa sociedade, como se sabe, são as relações regidas pelo clientelismo.

Essa característica, como não poderia ser diferente, também está presente na política. Nessa esfera, segundo a formulação clássica de Edson de Oliveira Nunes (2003), o clientelismo se manifesta em um conjunto de relações personalistas que alcança toda a estrutura política: partidos, burocracias, governos etc. Uma das tentativas para coibir esse tipo de prática disseminada foi a criação, a partir da década de 1930, de **burocracias insuladas**, a fim de restringir as "demandas fisiológicas e clientelistas oriundas dos partidos políticos" (Nunes, 2003, p. 32). Na prática, isso tendeu a gerar um processo de blindagem do "núcleo técnico do Estado" contra interferências externas (Nunes, 2003, p. 34). Esse processo significou, em boa medida, retirar organizações consideradas cruciais, como empresas e bancos públicos, da área de influência dos partidos e do Congresso Nacional, "resguardando essas organizações contra tradicionais demandas burocráticas ou redistributivas" (Nunes, 2003, p. 32-34).

Como nota Avritzer (2016), o processo de blindagem – sobretudo em bancos e empresas públicas – contra as demandas partidárias esgotou-se a partir do governo de José Sarney (1985-1989). Dessa forma, notadamente desde 1994, a estabilidade do Poder Executivo tem dependido da nomeação de políticos (ou de seus emissários) tanto para os ministérios (primeiro escalão) quanto para cargos em empresas ou em bancos públicos (segundo escalão). A natureza da desorganização administrativa que Avritzer (2016) atribui ao Executivo advém, justamente, dessa lógica de funcionamento do sistema político, ou seja, da necessidade de o presidente atender a suas bases parlamentares.

Finalmente, o **terceiro fator** está relacionado à "**profusão de casos de corrupção**" (Avritzer, 2016, p. 12, grifo nosso). Aqui, é preciso observar, de saída, que não se trata de estabelecer uma correlação entre sistema de governo e incidência de corrupção, o que equivaleria a enunciar algo como: "sistemas políticos que reúnem presidencialismo e multipartidarismo tendem a apresentar maior incidência de casos de corrupção do que aqueles que não contam com essas características". Esse tipo de associação, pouco verossímil, carece de evidências empíricas. Mesmo os teóricos da engenharia institucional, enfocados anteriormente, embora critiquem essa combinação institucional, fazem-no, em geral, sob o argumento da governabilidade.

A maior ou a menor incidência de corrupção tende a estar mais relacionada ao sistema eleitoral ou, mais precisamente, às regras que regulam as eleições e o financiamento de campanhas. Mainwaring (1991), por exemplo, ao escrever sobre o sistema eleitoral brasileiro, sustenta que o individualismo proveniente do sistema de representação proporcional de lista aberta propende a estimular tanto o aumento das despesas individuais de campanha quanto a incidência de práticas corruptas para financiá-las. Não obstante, tipificar e mensurar a corrupção eleitoral não é tarefa das mais simples.

Nesse contexto, uma questão fundamental parece ser aquela feita por Carlos Ranulfo Melo (2012, p. 315): "Mas que atitudes poderiam ser qualificadas como atos de corrupção eleitoral?". Evidentemente, há uma diversidade de respostas que podem ser oferecidas a essa pergunta. No âmbito da literatura de ciência política dedicada ao assunto, ainda de acordo com o autor, podem ser distinguidos três tipos de práticas corruptas em eleições: "1) o uso da máquina pública em favor de determinado(a) candidato(a); 2) o financiamento de campanha visando a vantagens diferenciadas no plano político e/ou administrativo; 3) a compra do voto" (Melo, 2012, p. 315).

A proliferação dos casos de corrupção no sistema político brasileiro à qual se refere Avritzer (2016) está relacionada, evidentemente, com as práticas do segundo tipo. O próprio autor reconhece isso quando afirma que, no Brasil, até onde se sabe, o que existe é uma "enorme proliferação de esquemas de caixa dois", em função de um sistema de financiamento de campanhas "completamente deficiente"

(Avritzer, 2016, p. 11). O grande problema associado à incidência de caixa dois, como nota Melo (2012, p. 316), é a impossibilidade de "saber quais são, de fato, os doadores e qual o peso relativo daqueles que são conhecidos, a partir da contabilidade oficial, na composição das receitas de uma campanha". Assim, sem informações claras, "o eleitor pode ajudar a eleger um representante que estará, prioritariamente, a serviço de interesses que ele ignora quais sejam" (Melo, 2012, p. 316).

Posto isso, podemos retornar ao argumento central de Avritzer (2016) no que concerne ao presidencialismo de coalizão. Os questionamentos do autor em relação a esse sistema de governo não se referem a sua governabilidade, entendida como capacidade de aprovar decisões: os três últimos presidentes brasileiros conseguiram aprovar suas agendas no Congresso, como o próprio autor reconhece. Os problemas, segundo ele, estão na outra acepção de *governabilidade*, qual seja, a legitimidade do processo decisório perante a opinião pública. É nesse ponto que os custos do presidencialismo de coalizão têm sido cada vez maiores, em razão dos três fatores que Avritzer (2016) associa a esse sistema de governo – e que resumimos anteriormente.

Antes de prosseguirmos, é importante fazer uma ressalva: dos três fatores com os quais Avritzer (2016) justifica o aumento progressivo dos custos associados ao presidencialismo de coalizão – no tocante à perda de legitimidade perante a opinião pública –, dois deles não têm relação direta com esse sistema de governo. Conforme argumentamos durante nossa exposição sobre os custos atrelados à governabilidade no presidencialismo de coalizão, tanto a fragmentação partidária quanto a incidência de corrupção estão mais relacionadas às regras do sistema eleitoral e do financiamento de campanhas. Portanto, mudar o sistema de governo não significaria, necessariamente, diminuir o número de partidos ou a ocorrência de práticas ilícitas no financiamento de campanhas[5].

2.2.2 Evolução dos custos associados à legitimidade do presidencialismo de coalizão[6]

A posição assumida por Avritzer (2016) em relação ao sistema político brasileiro, conforme visto na seção anterior, é intermediária: nem o sistema político é ingovernável – em função das sucessivas crises produzidas por seu arranjo institucional, como argumentam alguns brasilianistas –, nem é tão eficiente, como sustentam Figueiredo e Limongi (2001a, 2001c) e boa parte da literatura brasileira pertinente.

O argumento central defendido por Avritzer (2016) é o de que o Executivo brasileiro tem capacidade para governar, mas paga muito caro por essa governabilidade. Esse alto preço, por sua vez, acaba por comprometer "sua capacidade administrativa", a legitimidade do processo decisório perante a opinião pública "e, eventualmente, a governabilidade" (Avritzer, 2016, p. 64-65).

Esse processo geraria custos crescentes para a manutenção da governabilidade no presidencialismo de coalizão (Avritzer, 2016). Mas de que forma esses custos têm se manifestado e influenciado o funcionamento do sistema político? Sinteticamente, é possível afirmar que, na perspectiva do autor, esses custos vêm ocorrendo por meio da perda gradativa da legitimidade do processo decisório perante a

---

5 Sobre fragmentação partidária e sistemas eleitorais, sugerimos: Calvo; Guarnieri; Limongi (2015); Nicolau (2013, 2015); Rabello (2015). Sobre financiamento de campanhas e corrupção, indicamos, respectivamente: Reis (2013); Avritzer et al. (2012).

6 Esta seção é dedicada à apresentação da síntese do argumento de Leonardo Avritzer (2016) acerca da expansão progressiva dos custos relacionados ao presidencialismo de coalizão.

opinião pública desde 1988 (Avritzer, 2016). Vejamos, a seguir, de forma resumida, como é o desenrolar desse processo.

De acordo com Avritzer (2016), foi a partir de 1994 que se consolidou o processo de formação de amplas coalizões com o propósito de manter a governabilidade, isto é, aprovar a agenda do presidente no Congresso. Mesmo assim, já durante os governos de Fernando Henrique Cardoso (FHC), entre 1994 e 2002, em que pese o êxito obtido na proposição de medidas de estabilização monetária e de uma ampla agenda de reformas, iniciou-se um processo de desgaste da legitimidade do processo decisório perante a opinião pública. Esse movimento, prossegue o autor, já nos governos de FHC, esteve ligado a escândalos de corrupção, entre os quais Avritzer (2016, p. 28) cita: o caso da "máfia dos vampiros", na área da saúde; casos ligados a contratações de controladores de tráfego aéreo na Amazônia, relacionados ao Ministério da Defesa; e o caso da votação da PEC (proposta de emenda constitucional) da reeleição.

Não obstante, o impacto desses episódios de corrupção na legitimidade do processo decisório teria sido menor durante os governos de FHC, o que teria se tornado possível, ainda segundo Avritzer (2016), por dois motivos fundamentais: i) de um lado, porque havia maior convergência entre a agenda do governo e sua base de apoio no Congresso; ii) de outro, porque os referidos episódios de denúncias de corrupção foram ignorados tanto pelo Ministério Público quanto por parte substancial da imprensa. Porém, esses fatores seriam revertidos nos governos seguintes, agravando a crise de legitimidade (Avritzer, 2016).

Quando o Partido dos Trabalhadores (PT) conseguiu eleger Luiz Inácio Lula da Silva como presidente, em 2002, não alcançou resultado tão expressivo no Congresso: foram 91 deputados eleitos, algo em torno de 17% das cadeiras da Câmara. Esse cenário, no entanto, não era muito diferente daquele encontrado em governos anteriores: o Partido da Social Democracia Brasileira (PSDB) elegera 63 deputados (13%) em 1994 e 71 (15%) em 1998. A diferença estava, como nota Avritzer (2016), na dificuldade em lotear cargos de primeiro e de segundo escalão com vistas a formar uma coalizão ampla de governo, visto que, em função de sua agenda de governo e de sua base social, o PT não poderia abrir mão de manter sob seus domínios cargos que historicamente eram barganhados, como nas áreas da saúde e da assistência social. Caso contrário, colocaria em risco a execução de seu programa de governo – o mesmo ocorrendo com as pastas relacionadas à área econômica e à articulação política do governo (Avritzer, 2016).

Essa indisposição em lotear cargos considerados estratégicos pelo partido levou o Partido do Movimento Democrático Brasileiro (PMDB), inicialmente, a não fazer parte da base de apoio do governo, que ficou a restrita a partidos menores. Assim, por um lado, o PT acabou abrindo mão de uma coalizão mais ampla para manter a capacidade de implementar o tipo de política pública demandada por sua base social. Dessa forma, as pastas da Saúde, da Educação, do Desenvolvimento Social e das Cidades não foram loteadas, e o partido manteve certa autonomia ministerial (Avritzer, 2016).

Por outro lado, não poder contar com uma ampla base de apoio no Congresso torna muito mais difícil contornar crises políticas e episódios de denúncias de corrupção, por exemplo. Isso ficou claro quando ocorreu a eclosão das denúncias relacionadas ao chamado *mensalão*. Com uma base restrita, o governo enfrentou grandes dificuldades para estabilizar a crise política que se instaurou. O ponto a ser destacado aqui é que, ao se recusar a lotear pastas consideradas estratégicas para implementar seu programa de governo, o PT teve de abrir mão de formar uma coalizão mais ampla de apoio e ficou mais vulnerável a eventuais crises políticas (Avritzer, 2016).

Além dessa vulnerabilidade, dois tipos de custos adicionais teriam surgido no que se refere às alianças realizadas em favor da governabilidade feitas pelo partido. O primeiro deles está relacionado às consequências políticas de uma aliança com partidos muito distantes ideologicamente, como o Partido Liberal (PL), o Partido da República (PR) e o Partido Progressista (PP). Entre essas consequências, além da perda de apoio em parte de sua base social, ocorreu a saída de um grupo considerável de parlamentares do partido, ainda no primeiro semestre de 2005[7]. O segundo tipo de custo adicional se refere à cessão de importantes cargos públicos, em geral na área de infraestrutura, que, não raro, tornam-se fontes ilegais de financiamento de campanhas (Avritzer, 2016).

Diante do cenário instável que se desenhava em 2005, o governo decidiu fazer o que Avritzer (2016, p. 33) chamou de "institucionalização do presidencialismo de coalizão", isto é, uma coalizão ampla que diminuísse a vulnerabilidade do governo – o que, por sua vez, implicaria fazer do PMDB o principal partido da base aliada. Esse processo, segundo o autor, acabou produzindo uma "disjunção entre capacidade decisória e legitimidade política" (Avritzer, 2016, p. 34), pois, ao mesmo tempo que o governo ganhava em estabilidade e capacidade decisória, tendo o PMDB com principal aliado, passava a fazer concessões bastante relevantes a esse partido. Em primeiro lugar, cedeu-lhe pastas importantes como Saúde, Agricultura e Integração Social. Em segundo lugar, deixou de se posicionar adequadamente

---

7 *Entre os parlamentares que deixaram o PT em 2005, estavam Ivan Valente, Orlando Fantazzini, João Alfredo, Chico Alencar e Maria José Maninha. Luciana Genro e João Batista de Araújo haviam sido expulsos do partido ainda em 2003.*

diante de episódios de corrupção envolvendo parlamentares do partido aliado, sobretudo aqueles relativos à presidência do Senado[8] (Avritzer, 2016). Esse ponto é fundamental para o argumento de Avritzer (2016, p. 34), visto que a "disjunção entre capacidade decisória e legitimidade política" teria desencadeado, ainda no segundo governo de Lula, uma associação quase automática entre o presidencialismo de coalizão e a incidência de corrupção. Em termos mais específicos, a opção do PT em fazer uma aliança estreita com o PMDB teria levado a essa "disjunção na governabilidade", ou seja, "o governo tem forte capacidade de influência sobre o Congresso, mas o faz de maneira rejeitada pela opinião pública" (Avritzer, 2016, p. 34). Esse problema, prossegue o autor, impulsionado "pelos processos de fortalecimento da Polícia Federal e do Ministério Público", apenas se "manifestará plenamente no governo Dilma" (Avritzer, 2016, p. 33-34).

Dilma Rousseff assumiu a presidência em 2011 com a aliança entre seu partido e o PMDB ainda mais estreita do que no segundo mandato de Lula: o PMDB, além de ocupar seis pastas ministeriais, tinha indicado o vice-presidente da República, Michel Temer, líder histórico do partido. Esse cenário, em princípio, proporcionaria ao governo plenas condições de aprovar sua agenda no Congresso. Entretanto, ainda em 2011, várias denúncias de corrupção atingiram a base governista em diversos órgãos públicos e ministérios. A decisão da presidente de demitir prontamente os envolvidos, embora sinalizasse uma tendência a não tolerar práticas corruptas, também

---

8   *A presidência do Senado tem sido ocupada nos últimos anos quase exclusivamente pelo PMDB – a exceção foi Tião Viana, do PT, durante o ano de 2007. Desde 2003, José Sarney e Renan Calheiros vêm se alternando no cargo. Ambos estiveram, nesse período, envolvidos em diversas denúncias de corrupção.*

fragilizava a capacidade legislativa do governo, em função dos vínculos políticos dos demitidos[9] (Avritzer, 2016).

Ainda no que se refere à capacidade legislativa dos governos de Dilma Rousseff, é importante ressaltar a incidência de um fator adicional: a articulação de uma aliança suprapartidária em torno de valores mais conservadores do que aqueles que orientavam sua administração. Essa articulação, em diversos momentos, fez uma parte importante dos deputados que apoiavam a presidente no Congresso convergir para posições distantes daquelas assumidas pelo governo. Na prática, isso tornou possível que a base de apoio da presidente – teoricamente majoritária – pudesse ser derrotada em várias ocasiões. Essa situação se agravou a partir do momento em que essa base conservadora passou a ser comandada por um influente articulador político[10]: o ex-deputado federal Eduardo Cunha[11] (Avritzer, 2016).

Portanto, mesmo se nos restringíssemos ao aspecto da governabilidade, haveria dificuldades importantes a serem consideradas ao analisarmos o funcionamento do presidencialismo de coalizão durante os governos de Dilma Rousseff. Não obstante, no argumento construído por Avritzer (2016), a questão da legitimidade das ações do governo perante a opinião pública é ainda mais importante do que a capacidade legislativa do Poder Executivo.

De acordo com o autor, já a partir de 2012, o governo de Dilma Rousseff passou a enfrentar crises políticas sucessivas em virtude da disjunção entre governabilidade e legitimidade, que acabamos de mencionar. Isso significa que, embora o governo ainda ostentasse

---

9 Foram sete os ministros demitidos ainda em 2011, seis deles envolvidos em denúncias de corrupção (Retrospectiva..., 2011).
10 Para mais informações sobre o tema, recomendamos a leitura de Gadelha (2016).
11 Antes de assumir a presidência da Câmara dos Deputados, em 2015, Eduardo Cunha já havia sido líder do PMDB na mesma Assembleia, em 2013.

capacidade legislativa para aprovar sua agenda, começava a perder legitimidade em decorrência da forma como essa governabilidade era construída. Em termos práticos, a eclosão de inúmeras denúncias de corrupção envolvendo diversos integrantes da base apoio do governo – não apenas durante o governo de Dilma Rousseff, mas desde o episódio do mensalão – teria contribuído para a construção da imagem de que o presidencialismo de coalizão estaria intimamente relacionado à corrupção moral e política (Avritzer, 2016).

Ainda segundo o autor, esse contexto teria se agravado com as manifestações de junho de 2013. Ainda que a corrupção não tenha sido o tema inicial (nem principal) desses protestos, sua ocorrência teria sido fundamental para ajudar a galvanizar na opinião pública a imagem que associa nosso sistema de governo à corrupção. Esse tipo de percepção, conforme o autor, teria provocado desdobramentos tanto nos setores mais conservadores da sociedade quanto nos mais progressistas. Entre os primeiros, consolidou-se um projeto político conservador, que fora derrotado nas urnas em 2014, mas que se fortaleceu a partir de 2015. Já no caso dos setores mais progressistas, essa percepção tem alimentado uma crítica ferrenha à atual forma de organização do sistema político nacional (Avritzer, 2016).

Como é possível compreender com base na perspectiva que orienta Avritzer (2016), o presidencialismo de coalizão não está associado à instabilidade ou à ingovernabilidade, em decorrência das deficiências de seu arranjo institucional – como defendem os adeptos da engenharia institucional, comentada anteriormente. O autor reconhece que os presidentes brasileiros (incluindo Dilma Rousseff) têm conseguido aprovar suas agendas no Legislativo, tal qual demonstrado pela literatura especializada. O argumento do autor em relação ao presidencialismo de coalizão, todavia, é de outra natureza.

O que Avritzer (2016) defende, em suma, é que, embora ofereça ao presidente capacidade legislativa, o presidencialismo de coalizão envolve custos progressivos relacionados a três fatores: i) fragmentação partidária; ii) desordem administrativa do Estado; e iii) incidência de práticas ilícitas ou corruptas. Esses custos, por sua vez, tendem a gerar, a partir de determinado momento, uma cisão entre governabilidade e legitimidade. Dessa forma, ainda que o sistema continue governável – ou seja, que o Executivo continue capaz de aprovar sua agenda no Legislativo –, a forma como a governabilidade é construída deixa de parecer legítima perante a opinião pública. Essa imagem ilegítima teria começado a ser construída ainda nos governos de FHC, adquirido contornos mais nítidos durante os governos de Lula (notadamente a partir do episódio do mensalão) e atingido seu ápice nos governos de Dilma Rousseff (Avritzer, 2016).

Para finalizarmos este capítulo, vale relembrar que os principais problemas associados pelo autor ao sistema de governo do presidencialismo de coalizão – a fragmentação partidária excessiva e a incidência de práticas ilícitas – estão ligados, mais especificamente, a algumas regras do sistema eleitoral e do modelo de financiamento de campanhas. São essas regras que precisam ser modificadas, se o objetivo é alterar o estado atual da política nacional. Portanto, não seria preciso substituir o presidencialismo pelo parlamentarismo, por exemplo, para que as falhas do sistema político fossem corrigidas.

Síntese

Neste capítulo, examinamos a diferença entre a funcionalidade de um sistema de governo e sua legitimidade. Para tanto, mostramos que o presidencialismo de coalizão que vigora no Brasil desde 1988 é, sim, governável – ao contrário das previsões dos adeptos da engenharia institucional. Também analisamos alguns custos que têm sido associados ao sistema brasileiro de governo – principalmente os relacionados a sua legitimidade.

Observamos, ainda, que fatores como fragmentação partidária e profusão de práticas ilícitas estão diretamente relacionados às regras eleitorais e de financiamento de campanhas – e não com o presidencialismo de coalizão propriamente dito.

Questões para revisão

1. Cite e comente os dois principais fatores que, de acordo com a literatura especializada, contribuem para a governabilidade do presidencialismo de coalizão.

2. Comente os três principais custos associados por Leonardo Avritzer (2016) à legitimidade do presidencialismo de coalizão.

3. Assinale a alternativa que indica os fatores que tornam o processo decisório sob o presidencialismo de coalizão semelhante àquele observado nas principais democracias parlamentaristas:
   a) A iniciativa e a capacidade de veto das elites locais.
   b) A influência dos governadores e dos "caciques" regionais no processo legislativo.
   c) O controle exercido pelo chefe do Executivo e pelos partidos sobre o processo legislativo.
   d) A indisciplina e o poder de veto das bancadas estaduais.
   e) A obediência e o respeito dos parlamentares a suas bases locais.

4. Leia atentamente as sentenças a seguir acerca da interpretação de Leonardo Avritzer (2016) sobre o presidencialismo de coalizão:

   I) Para o autor, o sistema político brasileiro é ingovernável.
   II) De acordo com o autor, embora governável, o sistema político brasileiro apresenta custos progressivos relacionados a sua legitimidade.
   III) Conforme o autor, o presidencialismo de coalizão não é governável por causa da corrupção.

   Agora, assinale a alternativa correta:
   a) Apenas a sentença I está correta.
   b) Apenas a sentença II está correta.
   c) Apenas a sentença III está correta.
   d) Apenas as sentenças I e II estão corretas.
   e) Apenas as sentenças I e III estão corretas.

5. Assinale a alternativa que sintetiza corretamente as previsões dos brasilianistas sobre o sistema político brasileiro inaugurado em 1988:
   a) O sistema político brasileiro inaugurado em 1988 é muito semelhante ao da maioria dos sistemas políticos europeus.
   b) O presidencialismo de coalizão é muito semelhante ao presidencialismo norte-americano.
   c) O arranjo institucional singular inaugurado em 1988 poderia colocar em risco a sobrevivência do regime.
   d) O atual arranjo institucional brasileiro não apresenta nada de singular.
   e) O funcionamento do presidencialismo de coalizão é muito semelhante ao dos sistemas políticos parlamentaristas.

Questões para reflexão

1. Reflita sobre os motivos que fizeram as previsões mais pessimistas sobre o presidencialismo de coalizão falharem.
2. Considere quais dos três principais problemas elencados por Leonardo Avritzer (2016) – fragmentação partidária, desordem administrativa do Estado e incidência de práticas ilícitas ou corruptas – podem, de fato, ser associados ao sistema de governo propriamente dito e quais têm relação com regras eleitorais e de financiamento de campanhas.
3. Quais deveriam ser os pontos principais de uma eventual reforma do sistema político brasileiro?

Estudo de caso

Reforma política?

Desde que o sistema político brasileiro entrou em vigor com a Constituição de 1988, tem sido pauta frequente no noticiário uma suposta necessidade imperiosa de reformá-lo. O texto constitucional, aliás, incluía uma emenda determinando a realização de um plebiscito pelo qual os eleitores pudessem decidir sobre a forma (república ou monarquia) e o sistema (presidencialismo ou parlamentarismo) de governo. Como sabemos, a democracia brasileira continuou sendo republicana e presidencialista. Ainda assim, de tempos em tempos, a tal necessidade imperiosa de mudar esse estado volta à tona.

O argumento mais recente, comentado neste capítulo, é o de que o presidencialismo de coalizão favoreceria a desordem administrativa do Estado e a profusão de práticas ilícitas – conforme pode ser visto em Avritzer (2016). No campo do debate público, o raciocínio que prevalece é o seguinte: sendo o malfadado presidencialismo de coalizão responsável por essas e por outras mazelas da política brasileira, bastaria substituí-lo para que elas desaparecessem. Será?

Em primeiro lugar, é preciso ter em conta que ineficiências administrativas e práticas corruptas, por exemplo, existem em todos os sistemas políticos mundo afora. Portanto, seria ingênuo acreditar que a troca simples de um sistema por outro resolveria todos os problemas.

Em segundo lugar, para continuar com os mesmos exemplos, cada um dos problemas seguramente seria influenciado por mudanças mais estreitamente relacionadas a suas respectivas origens.

No primeiro caso, os processos administrativos que dispõem de um regime de competências claramente definido, bem como de procedimentos de avaliação, monitoramento e prestação de contas rigorosos, tendem ser mais eficientes. No segundo caso, os recursos destinados ao chamado *caixa dois* e a outras práticas ilícitas são subterfúgios utilizados para o financiamento de campanhas eleitorais, que, por seu turno, têm se tornado progressivamente mais caras desde a redemocratização. Tanto o encarecimento insustentável das campanhas quantos os referidos subterfúgios empregados para financiá-las podem ser combatidos no âmbito da legislação eleitoral e das regras para o financiamento de campanhas.

Portanto, é preciso cautela ao debater aquilo que se chama genericamente de *reforma política*. O risco a que se expõe o incauto é, como se diz popularmente, mirar naquilo que viu e acertar naquilo que não viu. É importante observar que não é necessário mudar o sistema político para resolver problemas relacionados à ineficiência administrativa e à incidência de práticas ilícitas. Convém considerar que correríamos o risco de ostentar, por exemplo, uma monarquia parlamentarista ineficiente e corrupta.

Wellington Nunes

Para saber mais

NICOLAU, J. Como aperfeiçoar a representação proporcional no Brasil. **Cadernos de Estudos Sociais e Políticos**, Rio de Janeiro, v. 4, n. 7, p. 101-121, jan./jun. 2015. Disponível em: <http://www.e-publicacoes.uerj.br/index.php/CESP/article/view/18998/13820>. Acesso em: 20 mar. 2018

_____. Crônica de uma derrota (ou será vitória?) anunciada? **Insight Inteligência**, Rio de Janeiro, v. 10, n. 39, p. 220-226, dez. 2007. Disponível em: <http://insightinteligencia.com.br/pdfs/39.pdf>. Acesso em: 20 mar. 2018.

REIS, B. P. W. Políticos, cientistas políticos e sua conversa de surdos: considerações sobre a quase implantação do voto único não transferível no Brasil. **Em Debate**, Belo Horizonte, v. 7, n. 3, p. 29-46, 2015. Disponível em: <http://opiniaopublica.ufmg.br/site/files/artigo/5-Dossie-Julho-2015-Bruno-Reis3.pdf>. Acesso em: 20 mar. 2018.

Sugerimos a leitura dos três artigos para o leitor interessado em saber um pouco mais sobre o debate acerca das possibilidades de mudança no ordenamento político brasileiro.

PARTE II
Elites e política

Capítulo 3
Contribuições dos estudos
sobre as elites

CONTEÚDOS DO CAPÍTULO:

- Surgimento e fundadores dos estudos sobre as elites.
- Perfil social e ideologia presentes na classe política brasileira.
- Transformações da classe política brasileira.

APÓS O ESTUDO DESTE CAPÍTULO, VOCÊ SERÁ CAPAZ DE:

1. compreender o contexto de surgimento dos estudos clássicos sobre as elites e a trilha deixada por esse enfoque;
2. os perfis sociais e os matizes ideológicos presentes na classe política brasileira;
3. identificar algumas das transformações pelas quais vem passando a classe política brasileira neste século.

As discussões apresentadas nos capítulos anteriores estão inseridas em uma perspectiva teórica que se convencionou chamar de *neoinstitucionalista*. Trata-se, *grosso modo*, de reafirmar que as instituições contam e interferem no tipo de desfecho político obtido, uma vez que os constrangimentos gerados por determinada estrutura institucional, ao influírem no comportamento individual dos atores, tendem a impactar os *outputs* (resultados) do processo político. Conforme essa perspectiva, portanto, resultados políticos (variáveis dependentes) são explicados com base em elementos institucionais (variáveis independentes).

Não obstante, embora sejam úteis para mostrar que o comportamento dos atores políticos é, em boa medida, determinado pelo ambiente institucional no qual eles estão inseridos, os estudos orientados pelas teorias neoinstitucionalistas[1] não conseguem explicar, por exemplo, como as instituições surgem e se transformam ao longo do tempo. Do mesmo modo, essas teorias não esclarecem por que determinada sociedade é regida por um conjunto específico de instituições e não por outro.

Esses e outros questionamentos têm levado um número cada vez maior de pesquisadores a deslocar o foco de suas análises das instituições para as minorias organizadas – que têm sido o objeto central dos estudos sobre as elites, os quais, por sua vez, têm oferecido contribuições bastante significativas para uma análise mais acurada da política brasileira. Nesse sentido, para além do desenho institucional do sistema político nacional, os referidos estudos têm se concentrado nas características das elites (partidárias, parlamentares, ministeriais, empresariais etc.) e em como essas particularidades podem ajudar a compreender os traços inscritos no ordenamento político brasileiro.

---

1 *Há, pelo menos, três tipos de neoinstitucionalismo: histórico, sociológico e de escolha racional. Sobre esse assunto, indicamos: Hall; Taylor (2003); March; Olsen (2008).*

Assim, neste capítulo, sintetizaremos alguns aspectos teórico-metodológicos desse tipo de estudo, bem como algumas de suas principais contribuições para o entendimento da política brasileira. Para essa jornada, porém, precisaremos recorrer, a título de contextualização, aos fundamentos da teoria das elites, com o propósito de facilitar a compreensão das principais proposições e contribuições dos estudos orientados por essa perspectiva teórica.

(3.1)
CONTEXTO DE SURGIMENTO E FUNDADORES DOS ESTUDOS SOBRE AS ELITES

Os principais textos daqueles que são considerados os fundadores dos estudos sobre as elites – a saber, Gaetano Mosca, Vilfredo Pareto e Robert Michels – foram produzidos entre o final do século XIX e o começo do século XX. Esse período, como se sabe, foi caracterizado por uma intensa efervescência social e política que se iniciou no momento em que o direito à participação política foi estendido às camadas mais baixas da população. Essas camadas, por meio de direitos conquistados a duras penas, passaram a criar vínculos organizativos estáveis e duradouros e a reivindicar, de maneira sistemática, não apenas o direito de participar do governo mas também o de fazer parte da divisão da riqueza produzida pela sociedade. O contexto, portanto, estava estreitamente relacionado à luta pela cidadania plena.

Na formulação já clássica de José Murilo de Carvalho (2002), a cidadania envolve três tipos de direitos: os civis, os políticos e os sociais[2]. Os primeiros estão fundamentalmente relacionados à liberdade individual e foram eles que fundaram a sociedade

---

2   No direito, fala-se em direitos de primeira, segunda e terceira gerações.

civil – referem-se aos direitos à vida, à propriedade e à igualdade de todos perante a lei. Já os segundos dizem respeito à participação dos cidadãos nos próprios governos: aqui estão incluídos os direitos de votar e de ser votado, de se manifestar publicamente, de se organizar em partidos, entre outros. Finalmente, os terceiros referem-se à participação do cidadão na distribuição da riqueza coletiva: trata-se dos direitos de ter saúde, educação, trabalho e salário dignos etc. (Carvalho, 2002).

É nesse contexto que surgiu o momento de efervescência social e política vivido pelos principais países da Europa entre o final do século XIX e o início do século XX. Do ponto de vista social, era tempo de intensa urbanização e de fortalecimento do processo de industrialização. Em decorrência dessas e de outras transformações sociais, surgiram desdobramentos políticos importantes, como a criação de sindicatos e o surgimento de movimentos e partidos trabalhistas e revolucionários. Dessa forma, ao se organizar, o movimento operário ganhava força política para reivindicar a ampliação dos direitos dos trabalhadores; ao conquistarem mais direitos, os trabalhadores recebiam novos incentivos para se organizarem, o que, por sua vez, encorpava o movimento operário e seu poder de barganha diante dos grupos social e político dominantes.

Esse momento histórico, como bem resumiu Renato Perissinotto (2009, p. 14), foi caracterizado por um fato novo: a ascensão política das massas, que "gerava nos setores dominantes um crescente pessimismo com relação ao futuro, uma forte sensação de decadência da sociedade ocidental". Isso ocorria porque o racionalismo – que prevalecera desde o Iluminismo – estaria sendo ameaçado pela ascensão das massas, caracterizadas pela impulsividade e pela irracionalidade. Para os setores dominantes, portanto, o processo de ampliação democrática poria em risco o regime político, já que "colocaria nas mãos dessa 'turba irracional' a responsabilidade de tomar as decisões que afetariam o futuro das sociedades europeias" (Perissinotto, 2009, p. 14-15). Isso significa que a participação das massas no processo decisório "não era vista apenas como tecnicamente inviável, dado o tamanho dos Estados Nacionais contemporâneos, mas acima de tudo como indesejável, dado o alto grau de irracionalidade que traria para a política" (Perissinotto, 2009, p. 15).

Adicionalmente, é preciso ter em conta que essa percepção negativa da democracia, como também notou o autor, era embasada por dois tipos de pensamento pretensamente científicos. O primeiro deles era o chamado *darwinismo social*, segundo o qual o mundo social seria regido pelas mesmas regras do mundo natural. Assim, na sociedade, haveria indivíduos naturalmente mais aptos a exercer a liderança e a ocupar posições de mando; contrariar isso, portanto, significaria atentar contra as leis da evolução. O segundo tipo de pensamento tem a ver com as análises psicológicas que defendem a incapacidade das massas em elaborar um pensamento racional. Nessa seara, o representante mais influente é Gustave Le Bon, autor do livro *Psicologia das multidões*. Sinteticamente, esse autor defende o seguinte:

> *a) a massificação dos homens gerada pelas multidões é sinônimo de irracionalidade e barbárie; a democracia se baseia no sufrágio universal, isto é, numa multidão eleitoral, portanto a democracia é um regime político ruim; b) inversamente, o agente individualizado, separado das multidões, é racional e civilizado e a esses poucos indivíduos deve ficar a responsabilidade de governar as sociedades humanas.* (Le Bon, 2008, citado por Perissinotto, 2009, p. 17)

Grosso modo, esse era o contexto no qual os autores considerados fundadores dos estudos de elite estavam inseridos quando escreveram suas principais obras e, certamente, foram influenciados por esse tipo de percepção negativa da participação das massas em regimes democráticos. Albert Hirschmann (1992), por exemplo, argumenta que os teóricos da elite muito contribuíram para o desenvolvimento do que ele chama de *tese da futilidade*[3]. Norberto Bobbio (1998, p. 386) segue pelo mesmo caminho, ao afirmar que a teoria das elites teria surgido com "uma fortíssima carga polêmica antidemocrática e antissocialista, que refletia bem o 'grande medo' das classes dirigentes dos países onde os conflitos sociais eram ou estavam para se tornar mais intensos".

Não obstante, conforme observado por Perissinotto (2009, p. 17), ainda que tenha surgido "como uma resposta ideológica ao avanço da democracia, do socialismo e do marxismo, a teoria das elites acabou impondo-se na ciência política pelo valor científico de algumas de suas proposições". Além disso, embora estivessem imbuídos de preceitos normativos conservadores, os teóricos clássicos das elites defendiam que os estudos acerca da sociedade e da política deveriam ser respaldados por uma observação rigorosa da realidade.

Assim, de acordo com Bobbio (1998), o que distingue os três teóricos clássicos das elites, fazendo deles os precursores desse tipo de estudo, não é a defesa da tese de que toda sociedade estaria dividida entre governantes e governados, tampouco a condição minoritária dos primeiros em relação aos segundos. Isso estaria longe de ser novidade e teria sido afirmado de maneira mais ou menos enfática por todos aqueles tinham abordado a política de forma realista.

---

3 *A tese da futilidade consiste em argumentar que qualquer tentativa de transformação social – o reformismo, por exemplo – é inócua e não passa de medida cosmética, já que as estruturas profundas da sociedade permaneceriam inalteradas (Hirschmann, 1992).* Sobre esse tema, sugerimos especialmente a leitura do terceiro capítulo da obra A retórica da intransigência: perversidade, futilidade, ameaça *(Hirschmann, 1992).*

A diferença dos elitistas clássicos, segundo o autor, é justamente o tratamento científico que deram à questão (Bobbio, 1998).

Foi essa abordagem científica que abriu ângulo para que as gerações de pesquisadores que os sucederam continuassem submetendo as minorias organizadas ao estudo sistemático. Dito de outro modo, se a tônica da história dos governos da humanidade tem sido a disputa ferrenha entre minorias organizadas pelo poder, como sugerem aqueles autores, nada mais justo do que os pesquisadores se dedicarem a investigar essa questão de maneira científica. Como sintetizou Perissinotto, a propósito da obra de Gaetano Mosca,

> Sendo todos os governos na história da humanidade "oligárquicos", isto é, controlado por poucos, e sendo a classe política o verdadeiro sujeito da história, cabe ao analista político analisar os processos sociais e históricos de constituição desse grupo. Isso significaria, basicamente, estudar como a minoria politicamente ativa conquista a autoridade política e qual a origem social de seus membros. (Perissinotto, 2009, p. 44)

Nosso objetivo nas seções seguintes é, justamente, tratar dos desdobramentos práticos dessa teoria. De forma mais específica, vamos analisar de que maneira os resultados dos recentes estudos sobre as elites ajudam a compreender o funcionamento da política brasileira.

(3.2)
Perfil social, ideologia e padrões de carreira nos partidos brasileiros

Entre as principais contribuições dos estudos sobre as elites para a compreensão do funcionamento da política brasileira estão aquelas relacionadas a nosso sistema partidário, visto que, conforme discutimos no Capítulo 1, uma das principais características do sistema político brasileiro, de acordo com a literatura neoinstitucionalista, seria a frouxidão dos vínculos que ligam os partidos à sociedade – tanto na arena eleitoral quanto na arena parlamentar (Mainwaring, 1991, 1993). Essa perspectiva negativa em relação aos partidos no Brasil não é exclusividade de autores estrangeiros – os brasilianistas. Alguns autores brasileiros também defendem posição semelhante. Bolívar Lamounier e Rachel Meneguello (1986, p. 9), por exemplo, argumentam que, ao se comparar o caso brasileiro com os de outros países, o "subdesenvolvimento" de nosso sistema partidário seria "notório". Esse argumento é muito semelhante ao defendido por Mainwaring (1995, p. 354, tradução nossa), ao sustentar que o contexto brasileiro poderia ser "um caso único de subdesenvolvimento partidário no mundo".

No que se refere à arena parlamentar, isto é, ao funcionamento do partido no âmbito do Congresso Nacional, uma vasta literatura mostrou, como abordamos no Capítulo 2, que a disciplina partidária é a regra no sistema político brasileiro, tal qual ocorre em outras democracias no mundo (Figueiredo; Limongi, 2001a, 2001c). Falta levar em conta a arena eleitoral – no tocante às relações dos partidos com a sociedade, suas composições, suas ideologias etc. Seriam as relações dos partidos brasileiros com os grupos sociais, de fato, tão frouxas quanto o sugerido pela literatura especializada? Uma das formas de se testar esse tipo de interpretação é olhar para a composição social e para as posições ideológicas dos partidos: uma composição social mais homogênea – isto é, com grupos sociais semelhantes –, independentemente do partido e da posição por ele ocupada no espectro ideológico, tenderia a confirmar essa compreensão.

Essa não é, no entanto, a realidade observada. A análise escrupulosa do sistema partidário brasileiro, sob o ponto de vista de suas relações com a sociedade, tem demonstrado que os partidos políticos apresentam diferenças bastante significativas relacionadas a três elementos fundamentais: i) perfil social; ii) posição no espectro ideológico; e iii) padrão de carreira. A seguir, examinaremos, em linhas gerais, como essas variáveis se relacionam e de que forma ajudam a formar uma compreensão mais acurada de nosso sistema partidário.

Essa perspectiva de análise do sistema partidário brasileiro foi inaugurada pelo trabalho seminal de Leôncio Martins Rodrigues (1987) sobre a Assembleia Nacional Constituinte de 1987. A pesquisa do autor teve como objeto de estudo todos os deputados eleitos no dia 15 de novembro de 1986 e que compuseram a Assembleia que se iniciaria no ano seguinte. Em termos de objetivos, Rodrigues (1987, p. 13) tratou de observar, por meio de uma espécie de radiografia da Câmara, quatro aspectos relacionados ao sistema partidário:

1) a distribuição das forças partidárias na Câmara Federal, ou, mais precisamente, a importância dos diferentes partidos e a conformação do sistema partidário brasileiro; 2) as etapas da carreira política e as diferenças observadas entre os diferentes partidos e regiões brasileiras no que tange às experiências políticas prévias à eleição dos deputados para a atual Câmara Federal; 3) o perfil social dos deputados, elaborado a partir das profissões representadas na Câmara Federal e sua distribuição por partido e região; 4) as posições políticas dos deputados e tendências ideológicas no interior dos partidos.

Não é o caso de esmiuçar, nesta obra, a análise detalhada realizada pelo autor. Em conformidade com nossos propósitos, basta apenas registrar uma das tendências gerais observadas por ele: o peso do que ele chama de "profissões intelectuais" (Rodrigues, 1987) aumenta à medida que se avança da direita para a esquerda no espectro ideológico. Dessa forma, enquanto os representantes dessa categoria profissional compunham apenas 33% da bancada do Partido Democrático Social (PDS), partido mais à direita naquela conjuntura, alcançavam 56% no centro, representado pelo Partido do Movimento Democrático Brasileiro (PMDB), e 62% na esquerda, representada pelas seguintes legendas: Partido dos Trabalhadores (PT), Partido Comunista Brasileiro (PCB), Partido Comunista do Brasil (PCdoB) e Partido Socialista Brasileiro (PSB). Do mesmo modo, as tendências se invertem quando a categoria profissional observada é a dos empresários – alcança seus maiores percentuais nos partidos mais à direita do espectro ideológico, como o PDS (58%), diminui no centro, como o PMDB (29%), e chega a zero nos partidos de esquerda (Rodrigues, 1987, p. 83-86).

Aproximadamente 15 anos mais tarde, o mesmo autor refinou o argumento que havia esboçado no estudo sobre a Assembleia Nacional Constituinte de 1987. Nessa ocasião, a base de dados envolveu os 513 deputados federais eleitos em 1998. Em termos partidários, as legendas foram escolhidas e classificadas com base em dois critérios objetivos. Conforme o primeiro deles, apenas seriam selecionados os partidos que tivessem conseguido ao menos 5% das cadeiras nas eleições para a Câmara dos Deputados. Já de acordo com segundo critério, para serem selecionadas, as legendas deveriam apresentar "um perfil programático-ideológico relativamente consistente e nítido" (Rodrigues, 2002, p. 32). Utilizando esses dois critérios, o autor reuniu seis legendas partidárias e as classificou da seguinte maneira:

> Pelo critério adotado, resultaram três blocos ideológicos formados por três pares de partidos. No bloco da direita, o PPB [Partido do Povo Brasileiro] e o PFL [Partido da Frente Liberal]; no do centro, o PMDB e o PSDB [Partido da Social Democracia Brasileira] e, no da esquerda, o PDT [Partido Democrático Trabalhista] e o PT [Partido dos Trabalhadores].

Essa classificação ideológica é predominante entre os cientistas políticos brasileiros e estrangeiros e corresponde àquela veiculada pelos meios de comunicação. (Rodrigues, 2002, p. 32)

Levando em conta essa classificação e uma base de dados com informações sociobiográficas dos deputados, o autor pretendia testar a seguinte hipótese:

haveria diferenças significativas na composição social das bancadas dos seis partidos – diferenças que poderiam ser verificadas empiricamente pela distribuição dos segmentos socioprofissionais que as compõem – e que, a essas diferenças, corresponderiam posições políticas, programáticas e ideológicas convencionalmente tidas como de direita, centro e esquerda. (Rodrigues, 2002, p. 32)

Testar esse tipo de hipótese, como frisa o autor, não significa imaginar que haja perfis sociais homogêneos e excludentes nos partidos, mas que as categorias socioprofissionais podem se distribuir desigualmente entre as legendas – como já sugeria a literatura pioneira de David Fleischer (1981) e Sérgio Soares Braga (1998), além do próprio Rodrigues (1987). Dessa maneira, a expectativa, de acordo com o que é proposto por esses autores, é a de que não só diversas categorias estejam representadas em cada uma das bancadas partidárias, mas também que haja sobrerrepresentação de algumas delas, o que permitiria constatar algumas diferenças entre os perfis sociais dos partidos (Rodrigues, 2002).

Assim, em termos práticos, a expectativa era a de que os partidos de direita apresentassem "maior proporção de empresários e pessoas de alta renda entre seus deputados" (Rodrigues, 2002, p. 33). Os partidos de esquerda, por sua vez, deveriam revelar em suas bancadas "maior proporção de deputados originários das classes médias e das classes trabalhadoras e populares" (Rodrigues, 2002, p. 33).

Finalmente, entre os partidos de centro, "deveria haver, proporcionalmente, menos empresários e trabalhadores e mais parlamentares originários de outros estratos sociais intermediários, com patrimônio inferior aos dos partidos de direita mas superior aos dos de esquerda" (Rodrigues, 2002, p. 33). De fato, esse foi o cenário encontrado, isto é, a hipótese do autor foi confirmada pelos dados obtidos.

Para a realização do teste de sua hipótese, Rodrigues (2002) classificou e agregou as categorias profissionais encontradas, conforme é possível observar na Tabela 3.1, mais adiante, para cruzar os dados com os de partidos e blocos ideológicos. Os resultados mostraram uma distribuição desigual das categorias pelas legendas partidárias, tanto individualmente quanto em blocos. Assim, como seria de se esperar, identificou-se uma sobrerrepresentação de empresários nos partidos de direita e de centro, em detrimento dos partidos de esquerda; nestes, as categorias sobrerrepresentadas foram as de professores e de profissionais liberais. Os dados de patrimônio também apresentaram a direção esperada, ou seja, o número de deputados que declararam ter patrimônio alto e médio-alto tendeu a diminuir quando se avançava da direita para a esquerda no bloco ideológico (Rodrigues, 2002, p. 34-35, 39-40).

Em suma, a análise dos dados relativos à trajetória pregressa (ocupação/profissão, patrimônio, escolaridade etc.) dos deputados eleitos na 51ª Legislatura da Câmara dos Deputados indica que "os partidos brasileiros se diferenciam não apenas quanto à ideologia e à orientação política (a face mais visível da vida partidária), mas também quanto aos segmentos sociais neles representados" (Rodrigues, 2002, p. 41). Isso, ainda de acordo com o autor, teria duas implicações importantes e relacionadas. De um lado, mostra que, para compreender adequadamente as opções e os conflitos partidários, é preciso olhar para além da lógica interna do Parlamento, isto é, observar sua face sociológica – os "interesses que a composição social dominante dos partidos sugere" (Rodrigues, 2002, p. 43). De outro, confere ao sistema partidário brasileiro "alguma consistência em termos de sua representatividade, mesmo que se possa ter uma avaliação negativa de seu funcionamento" (Rodrigues, 2002, p. 43).

Tabela 3.1 – Profissões/ocupações agregadas no total da Câmara dos Deputados[4]

Profissões/ocupações	Total da Câmara dos Deputados
Empresários (todos os tipos)	43,5%
Profissões liberais e intelectuais	31,6%
Administração pública	20,0%
Professores	15,8%
"Comunicadores"	6,4%
Pastores e padres	3,5%
Empregados não manuais em serviços	2,7%
Trabalhadores industriais e lavradores	2,0%
Outras situações	1,2%
Total	126,70%

Fonte: Adaptado de Rodrigues, 2002, p. 33.

Outro trabalho fundamental para o avanço dessa perspectiva analítica acerca do sistema partidário brasileiro foi realizado a quatro mãos, por André Marenco dos Santos e Miguel Serna (2007). Nesse estudo, além de averiguar as diferenças de perfil social e de ideologia,

---

4 *A soma das porcentagens é superior a 100% porque 84 deputados tinham mais de uma ocupação/profissão (Rodrigues, 2002, p. 33).*

os autores pretendiam verificar se haveria diferentes padrões de recrutamento entre os partidos. A hipótese dos autores sustentava que sim, ou seja, as diferenças nos padrões de carreira política poderiam ser explicadas "pelas variações no perfil social e pelos recursos individuais dos candidatos eleitos por cada legenda partidária" (Santos; Serna, 2007, p. 93).

Metodologicamente, com a intenção de testar essa hipótese, os autores observaram e mediram variáveis relacionadas a: "1) origem social, ocupação profissional; 2) redes sociais e capital associativo; e 3) experiência e carreira política (período de ingresso na carreira política, filiação e fidelidade partidária, cargos ocupados)" (Santos; Serna, 2007, p. 94). Adicionalmente, para isolarem os efeitos da estrutura institucional, isto é, as diferenças nos padrões de carreira que pudessem ser atribuídas às características institucionais do sistema político –, os autores recorreram à análise comparativa. Para tanto, foram escolhidos três países com base nas diferenças encontradas em suas estruturas institucionais:

> Os três países apresentam estruturas políticas diferentes (federal no Brasil; unitária no Chile e no Uruguai), sistemas partidários com configurações e tempo de existência também distintos (fragmentado/recente no Brasil; fragmentado/estável no Chile; concentrado/estável no Uruguai), regras eleitorais de representação proporcional com variações de voto preferencial, sistemas presidencialistas e estruturas sociais marcadas por graus discrepantes de desigualdades sociais. (Santos; Serna, 2007, p. 94)

Os resultados da pesquisa permitiram aos autores estabelecer que, esquematicamente, haveria não apenas dois tipos distintos de recrutamento partidário, mas também dois padrões de carreira política correspondentes. O primeiro modelo de recrutamento, típico dos partidos situados mais à esquerda do bloco ideológico, seria mais diversificado, envolvendo funcionários do setor público, integrantes das classes médias assalariadas, sindicalistas, lideranças associativas, entre outros. O padrão de carreira associado a esse tipo de recrutamento seria, por consequência, mais endógeno, isto é, mais dependente das estruturas partidárias. Já o segundo padrão de recrutamento, bem menos diversificado e característico dos partidos posicionados mais à direita do espectro ideológico, estaria sustentado nas camadas proprietárias e nas profissões liberais tradicionais, dotadas tanto de recursos materiais quanto de prestígio e reputação. Por isso, o padrão de carreira correspondente dependeria menos da estrutura organizacional partidária, seria menos endógeno e hierárquico e mais lateral (Costa; Costa; Nunes, 2014).

Portanto, como é possível perceber, a dinâmica do sistema partidário brasileiro não pode ser compreendida satisfatoriamente apenas com base na análise da estrutura institucional de nosso sistema político – seja olhando para o sistema de representação e para as regras eleitorais, seja olhando para as regras e os procedimentos internos do Congresso Nacional. A "face sociológica" dos partidos, para recuperar a feliz expressão de Rodrigues (2002, p. 42), também importa – já que há, entre as legendas, diferenças importantes no que se refere à composição social, à ideologia e ao padrão de recrutamento. Isso sugere, conforme notado pelo autor, que os conflitos partidários no interior do Poder Legislativo, por exemplo, não podem ser compreendidos adequadamente sem que os diferentes interesses associados às distintas composições partidárias sejam levados em conta (Rodrigues, 2002).

Essa é, sem dúvida, uma contribuição fundamental para o entendimento da política brasileira produzida pelos estudos sobre as elites. Na sequência, trataremos de outra, a saber, o conhecimento acerca da classe política brasileira e suas transformações.

(3.3) Transformações na classe política brasileira

Na seção anterior, destacamos que uma das principais contribuições dos estudos sobre as elites no Brasil foi mostrar que as relações entre políticos e partidos não são tão aleatórias quanto se supunha, isto é, políticos em geral não tendem a escolher ao acaso as legendas pelas quais tentarão se eleger e construir suas carreiras. Ao contrário, o que os dados sociobiográficos indicaram é que há certa correspondência entre o perfil social dos deputados, por exemplo, e as posições ocupadas por seus respectivos partidos no espectro ideológico. Seguindo esse raciocínio, é possível imaginar que a alternância do perfil ideológico do partido que ocupa o governo poderia desencadear alterações no perfil social da classe política.

Desse modo, você, leitor, pode questionar, por exemplo, que tipo de modificação (se é que houve alguma) poderia ter ocorrido no interior da classe política brasileira em decorrência do resultado das eleições de 2002? Como se sabe, as eleições daquele ano alteraram a coalizão majoritária de apoio ao presidente. Em termos mais específicos, a aliança de centro-direita capitaneada pelo PSDB e pelo PFL perdeu espaço a partir da candidatura e da vitória de Lula e, assim, o PT e outras legendas de esquerda aumentaram seu peso na Câmara dos Deputados. Considerando-se essa transformação política, é possível indagar sobre eventuais transformações sociais no interior da classe de representantes políticos.

Esse tipo de dúvida levou Rodrigues (2009) a realizar um novo estudo. Dessa vez, o objetivo era "tentar detectar o que teria mudado sociologicamente na composição da Câmara depois dos resultados das eleições de 2002" (Rodrigues, 2009, p. 7). A hipótese a ser testada, por sua vez, era a de que teria havido na Câmara dos Deputados "a redução do espaço político dos parlamentares recrutados das classes altas e, por consequência, um aumento da parcela dos deputados federais vindos das classes médias assalariadas e também, mas em menor medida, das classes populares" (Rodrigues, 2009, p. 6).

Metodologicamente, o autor realizou dois tipos de procedimentos distintos, mas relacionados entre si. Inicialmente, comparou a "composição social da totalidade dos deputados eleitos para a 51ª Legislatura com os da 52ª" (Rodrigues, 2009, p. 7), ou seja, os eleitos em 1998 e em 2002. Em seguida, examinou a "composição socioprofissional das bancadas dos partidos nas duas legislaturas" (Rodrigues, 2009, p. 8). Os objetivos, dessa forma, foram "controlar possíveis alterações nas fontes sociais de recrutamento e, principalmente, para saber se o aumento ou declínio numérico das legendas incidiria sobre o peso relativo dos segmentos profissionais e ocupacionais no interior da CD [Câmara dos Deputados]" (Rodrigues, 2009, p. 8).

Os resultados encontrados permitiram ao autor sustentar o argumento de que a composição social da Câmara dos Deputados havia se tornado "significativamente mais popular e menos elitista no curto período de quatro anos" (Rodrigues, 2009, p. 142), uma vez que, em consonância com a hipótese que citamos há pouco, houve uma diminuição do número de deputados recrutados nas camadas mais altas da sociedade – os setores da elite –, ao mesmo tempo que houve um aumento da participação daqueles convocados nos setores médios e, em menor medida, em camadas populares. Vamos, então, analisar o argumento do autor de maneira um pouco mais detida.

As conclusões de Rodrigues (2009) – no sentido de ter ocorrido uma popularização da classe política brasileira – foram baseadas em quatro tipos de indicadores. A seguir, elencamos esses indicadores e sumarizamos as principais informações acerca de cada um deles.

- **Primeiro indicador** – Refere-se à "redução do número dos deputados federais que eram (ou são ainda) empresários e o correlato aumento dos que vieram de ocupações ou profissões típicas das classes médias e baixas" (Rodrigues, 2009, p. 142).

A referida redução pode ser observada na Tabela 3.2, nas três categorias de empresários consideradas pelo autor (urbano, rural e misto). Consequentemente, também é possível notar a diminuição significativa do total geral de empresários eleitos: de 230 (44,8%), em 1998, para 190 (37%), em 2002.

Tabela 3.2 – Variação das profissões/ocupações

Profissão/Ocupação	51ª Legislatura		52ª Legislatura	
	N	%	N	%
Empresários urbanos	146	28,5	124	24,2
Empresários rurais	57	11,1	45	8,8
Empresários Mistos	27	5,3	21	4,1
Total dos empresários	230	44,8	190	37
Profissões liberais tradicionais	144	28,1	145	28,3
Outros profissionais	18	3,5	19	3,7
Setor público	103	20,1	121	23,6
Professores	81	15,8	86	16,8
Comunicadores	33	6,4	28	5,5
Pastores	16	3,1	26	3,9
Políticos	5	1,0	16	3,1
Empregados não manuais em serviço	7	1,4	10	1,9

(continua)

(Tabela 3.2 – conclusão)

Profissão/Ocupação	51ª Legislatura		52ª Legislatura	
	N	%	N	%
Técnicos	8	1,6	11	2,1
Metalúrgicos	7	1,4	8	1,6
Trabalhadores agrícolas/lavradores	3	0,65	5	1
Padres	2	0,4	2	0,2
Atleta profissional	–	–	2	0,4
Base de cálculo	513	129,2	513	128,5
Total das profissões/ocupações	657	–	663	–

Fonte: Rodrigues, 2009, p. 28-29.

- **Segundo indicador** – Trata-se da "comparação entre os níveis de escolaridade dos parlamentares da legislatura anterior com atual" (Rodrigues, 2009, p. 143).

Esse indicador refere-se à diminuição do nível de escolaridade de uma legislatura para outra, provocada pela expansão do número de deputados oriundos de categorias profissionais que não exigem alto grau de escolarização. O maior impacto nesse indicador foi provocado no grupo de pastores, por duas razões:

1. Parte importante dos indivíduos desse grupo tem baixa escolaridade – conforme a Tabela 3.3 –, quando comparados ao restante dos membros da Câmara dos Deputados: enquanto a soma dos percentuais dos deputados oriundos de outras categorias sem curso superior é 33,4%, no caso dos pastores esse número sobe para 45,5%, ou seja, a quantidade de pastores eleitos sem ensino superior completo é maior do que a de deputados das outras classes profissionais somadas.

2. Houve uma expansão considerável da participação dessa categoria de uma legislatura para outra – conforme a Tabela 3.2: em 1998, foram eleitos 16 pastores; em 2002, 26.

Tabela 3.3 – Níveis de escolaridade: Câmara dos Deputados (CD) e pastores

Escolaridade	CD		Pastores	
	N	%	N	%
Até o primeiro grau completo	12	6,7	1	4,5
Até o segundo grau completo	44	20,0	4	18,2
Superior incompleto	50	6,7	6	27,3
Superior completo	318	67,4	11	50,0
Mestrado	28	6,0	–	–
Doutorado	18	3,7	–	–
Base de cálculo	470	100,0	22	100,0

Fonte: Adaptado de Rodrigues, 2009, p. 59.

- **Terceiro indicador** – Refere-se ao "crescimento da bancada do PT e dos partidos de esquerda, mais especialmente do PCdoB, e [à] diminuição da bancada do PFL, PSDB, PMDB e PP" (Rodrigues, 2009, p. 143).

Há dois aspectos a serem observados nesse indicador. O primeiro deles diz respeito ao aumento da participação dos partidos de esquerda na Câmara dos Deputados, como consta na Tabela 3.4. O segundo é que é preciso considerar que os partidos de centro e de direta "possuem mais empresários em suas bancadas e têm um valor médio de patrimônio mais elevado" (Rodrigues, 2009, p. 143). Em outras palavras, essa é mais uma evidência a favor do argumento da popularização da Câmara defendido pelo autor.

Tabela 3.4 – Número de cadeiras por bloco ideológico nas eleições de 1998 e 2002

Blocos	51ª	52ª	Diferença	
	N	N	N	Perdas em %
Direita	216	201	−15	−6,9
Centro	182	145	−37	−20,3
Esquerda	115	167	+52	+45,2
Câmara dos Deputados	513	513	−	−

Fonte: Adaptado de Rodrigues, 2009, p. 18.

- **Quarto indicador** – Consiste no "aumento do número de sindicalistas e pastores entre as duas eleições" (Rodrigues, 2009, p. 143).

O aumento da representatividade dessas duas categorias profissionais, de acordo com Rodrigues (2009), também indica o aumento do peso relativo das camadas médias assalariadas e, em menor medida, das trabalhadoras. Como já detalhamos o caso dos pastores, resta comentar brevemente a categoria dos sindicalistas. Trata-se, nesse caso, dos "diretores e presidentes de entidades do sindicalismo oficial e de associações profissionais, como a dos funcionários públicos e de profissionais liberais" (Rodrigues, 2009, p. 118). Os sindicalistas eram 40, em 1998, e passaram para 53, em 2002. Como seria de se esperar, essa categoria está concentrada nos partidos localizados à esquerda no bloco ideológico: PT e PCdoB concentram 94,6% dos sindicalistas eleitos (Rodrigues, 2009).

Os indicadores que acabamos de sintetizar, entre outros, foram utilizados por Rodrigues (2009) para sustentar o argumento da popularização da classe política brasileira, isto é, a diminuição da proporção dos deputados recrutados nos segmentos profissionais considerados de elite em favor das camadas médias e, em menor medida, das trabalhadoras. Duas observações são importantes aqui.

Em primeiro lugar, a estratificação social utilizada pelo autor refere-se à trajetória pregressa (*background* social) dos indivíduos; nada impede que, uma vez eleitos, os políticos ascendam socialmente por meio das oportunidades oferecidas pela esfera política. Em segundo lugar, as alterações medidas pelo autor são historicamente datadas, ou seja, referem-se às legislaturas eleitas em 1998 e 2002; nada impede que esse cenário tenha se alterado (ou venha a se alterar) com base nos resultados das eleições seguintes (Rodrigues, 2009).

Para finalizar, cabe observar que a popularização da classe política identificada por Rodrigues (2009) foi interpretada pelo autor como resultado de fatores eleitorais, isto é, decorrente do aumento expressivo das bancadas dos partidos de esquerda (notadamente, PT e PCdoB) e da expansão de segmentos específicos, como aqueles ligados às igrejas pentecostais. Isso significa que os resultados encontrados não devem ser entendidos como oriundos de transformações estruturais da sociedade, como no caso de um processo de democratização na distribuição das oportunidades para os diferentes setores sociais.

Síntese

Ao longo deste capítulo, examinamos qual foi o contexto de surgimento dos estudos pioneiros sobre minorias organizadas – as elites. Abordamos a principal contribuição desses estudos, que foi o tratamento científico dado aos fenômenos políticos e sociais.

Com relação ao contexto brasileiro, destacamos que entre as principais contribuições dos estudos sobre as elites está a demonstração empírica de que a classe política brasileira está longe de ser homogênea, pois é composta por diferentes perfis sociais e matizes ideológicos.

Por fim, descrevemos estudos segundo os quais, recentemente, a classe política brasileira vem passando por algumas transformações. No capítulo seguinte, voltaremos a esse assunto.

Questões para revisão

1. Comente sobre a principal contribuição dos fundadores dos estudos sobre as elites para as pesquisas mais recentes da área da ciência política.

2. Apresente as principais diferenças quanto a perfil social e ideologia no interior da classe política brasileira mostradas pelos estudos sobre as elites.

3. Assinale a alternativa que melhor sintetiza o contexto histórico no qual escreveram os teóricos clássicos das elites:
   a) Racionalismo iluminista.
   b) Ascensão política das massas.
   c) Darwinismo social.
   d) Irracionalidade das massas.
   e) Estado de bem-estar social.

4. Assinale a alternativa correta com relação à forma de se medirem as diferenças no interior da classe política:
   a) Associação entre dinheiro e voto.
   b) Associação entre voto de cabresto e elites regionais.
   c) Associação entre diferentes perfis sociais e ideologia dos partidos.
   d) Associação entre práticas ilícitas e legendas partidárias.
   e) Associação entre dinheiro e campanhas eleitorais.

5. Quais foram as principais transformações no perfil dos deputados eleitos em 2002 para a Câmara identificadas por Leôncio Martins Rodrigues (2009):
   a) Aumento da representatividade das camadas proprietárias da sociedade.
   b) Aumento da representatividade das profissões liberais tradicionais.
   c) Aumento da participação dos empresários nos partidos de esquerda.
   d) Aumento da representatividade dos setores médios e baixos da sociedade.
   e) Declínio do número de trabalhadores eleitos.

Questões para reflexão

1. Reflita sobre a importância de as elites serem estudadas (parlamentares, empresariais, ministeriais etc.).

2. À luz dos achados empíricos dos estudos sobre as elites, é possível afirmar que "os políticos brasileiros são todos iguais"?

Para saber mais

CODATO, A.; COSTA, L. D.; MASSIMO, L. (Ed.). **Retratos da classe política brasileira**: estudos de ciência política. Saarbrücken: Novas Edições Acadêmicas, 2015.

Sugerimos a leitura dessa obra ao leitor interessado em saber mais sobre os resultados empíricos recentes dos estudos sobre as elites.

PERISSINOTTO, R.; CODATO, A. (Org.). **Como estudar elites.** Curitiba: Ed. da UFPR, 2015.

Esse livro é indicado ao leitor interessado em saber mais sobre a metodologia e as técnicas de pesquisa utilizadas atualmente nos estudos sobre as elites.

Capítulo 4
Estudos sobre as elites e profissionalização política

Conteúdos do capítulo:

- As transformações recentes na classe política brasileira – popularização ou profissionalização?
- O papel desempenhado pelos partidos políticos no processo de recrutamento da classe política.

Após o estudo deste capítulo, você será capaz de:

1. interpretar as transformações recentes ocorridas no interior da classe política brasileira;
2. compreender o debate em torno da profissionalização da atividade política;
3. identificar o papel desempenhado pelos partidos em processos de recrutamento.

No capítulo anterior, examinamos, sinteticamente, qual foi o contexto de surgimento dos estudos sobre as elites e mostramos de que forma algumas das pistas deixadas pelos autores clássicos – principalmente o foco voltado à análise sistemática de minorias organizadas e à observação rigorosa da realidade – permitiram que se avançasse na compreensão dos fenômenos políticos. No caso específico da política brasileira, observamos que esse tipo de estudo tem revelado que nosso sistema partidário – que já foi apontado como "caso único de subdesenvolvimento" (Mainwaring, 1995, p. 354) – está longe de se encontrar ilhado da sociedade. Pelo contrário, os partidos brasileiros recrutam seus membros em segmentos sociais razoavelmente definidos e diferenciados entre si. Isso significa que as legendas partidárias apresentam diferenças importantes quanto a perfil social, posição no espectro ideológico e padrões de recrutamento – tal qual ocorre em outras democracias mundo afora.

A questão que surge dessa discussão é: Seria possível falar em *política profissional* para o caso brasileiro?

Antes de começarmos a delinear respostas a essa pergunta, devemos ressaltar que o tema da **profissionalização política**, como notam Renato Perissinotto e Luciana Veiga (2014), pode ser abordado de duas formas distintas.

Inicialmente, conforme descrito por Dominique Damamme (citado por Perissinotto; Veiga, 2014), a profissionalização política foi vista, sob uma perspectiva normativa, como uma forma de degeneração da relação entre representantes e representados, o que acabaria por degradar essa atividade. O autor argumenta que o político profissionalizado – independentemente de se situar mais à direita ou à esquerda no bloco ideológico – tenderia a converter a atividade supostamente desinteressada da representação política em perseguição de interesses próprios (Damamme, citado por Perissinotto; Veiga, 2014).

Em um segundo tipo de abordagem, o fenômeno da profissionalização política está relacionado ou a um processo de **autonomização do campo político** (Bourdieu, 1989) ou ao **nível de institucionalização** das organizações e dos procedimentos políticos (Huntington, 1975; Polsby, 2008) – dependendo da matriz teórica na qual se insere o pesquisador. Seja como for, de acordo com Perissinotto e Veiga (2014, p. 50),

> *Um sinal inequívoco dessa autonomização/especialização funcional seria o surgimento de um processo de recrutamento especializado, capaz de produzir uma clara diferenciação entre os agentes portadores dos atributos necessários ao exercício da função política, os profissionais, e os amadores (os 'profanos'), produzindo a exclusão destes últimos.*

É justamente esse segundo tipo de abordagem que tem sido mais frequente na ciência política. Como argumentam os autores, a primeira abordagem (excessivamente negativa e normativa) acabou se enfraquecendo, e a profissionalização passou a ser vista como "resultado inexorável das modernas democracias representativas" (Perissinotto; Veiga, 2014, p. 50). Assim, dada a importância adquirida pelo tema da profissionalização na ciência política, é necessário esclarecermos a que exatamente nos referimos ao abordá-lo.

A formulação clássica acerca da profissionalização política foi feita por Max Weber (2013) em sua obra *Ciência e política: duas vocações*. Nesse livro, o autor distingue o político profissional tanto do ocasional quanto daquele para quem a política é um trabalho secundário. Dessa forma, o profissional, diferentemente dos outros dois tipos, dedica-se integral e continuamente a essa atividade, retirando dela todo o seu sustento, ou seja, para ele, essa ocupação é sua única fonte de remuneração. É isso que o autor chama de "viver da política" e "para a política" (Weber, 2013, p. 62-65) – dedicar-se exclusivamente a essa atividade e ser remunerado por isso.

Conforme registro de Perissinotto e Veiga (2014), há uma extensa literatura que se utiliza de definições de *profissionalização política* que se aproximam mais ou menos da formulação weberiana. Uma delas foi sugerida por Moshe Czudnowski (citado por Perissinotto; Veiga, 2014) e estipula dois critérios para indicar a profissionalização da atividade política: i) quando a participação do indivíduo deixa de ser ocasional e passa a ser contínua; ii) quando a dedicação do indivíduo deixa de ser parcial e passa a ser integral ou exclusiva.

Como é possível perceber, a definição de Czudnowski tem inspiração claramente weberiana e indica uma tendência de o político, ao profissionalizar-se, passar a viver da política (isto é, retirando dela sua remuneração) e para a política (ou seja, dedicando-se exclusivamente a ela). Portanto, quando nos referimos à profissionalização da atividade política, neste capítulo, é nesse sentido que o conceito deve ser entendido.

Posto isso, é preciso registrar, como também foi notado por Perissinotto e Veiga (2014), que o tema da profissionalização política tem estado estreitamente relacionado ao dos partidos políticos, visto que eles têm sido apontados pela literatura como *lócus* institucional privilegiado para a observação do processo de triagem entre os amadores ou aventureiros e os profissionais. Uma das formas de fazer isso, segundo os autores, é distribuir de forma seletiva incentivos organizacionais essenciais para o sucesso político (Perissinotto; Veiga, 2014).

Por esse motivo, nas seções seguintes, o tema da profissionalização política estará relacionado – direta ou indiretamente – com o dos partidos. Neste capítulo, discutiremos esse assunto com base na observação do recrutamento de senadores e deputados eleitos no atual regime democrático – naturalmente, consideraremos as legendas partidárias, que são, de fato, quem recruta os eleitos. Em seguida, trataremos do processo de seleção de candidatos propriamente dito – ou seja, dos mecanismos de seleção existentes no interior dos partidos –, além de analisarmos o quão democráticas e representativas podem ser as legendas partidárias em seus processos de recrutamento.

(4.1)
Carreiras no Legislativo Federal: popularização ou profissionalização?

Conforme abordamos no capítulo anterior, os estudos sobre as elites dirigentes no Brasil têm mostrado a existência de importantes regularidades no que se refere ao perfil social, à ideologia e ao padrão de recrutamento dos partidos políticos. Nesse contexto, o trabalho pioneiro de Leôncio Martins Rodrigues (2002) evidenciou que há diferenças significativas entre partidos de esquerda e de direita, em relação, por exemplo, aos perfis sociais recrutados por eles. Assim, partidos de direita tendem a apresentar um perfil mais elitista, recrutando seus membros entre as camadas sociais mais abastadas – sobretudo no interior dos meios empresariais. Partidos de esquerda, por sua vez, apresentam um perfil social menos elitista, tendendo a recrutar seus integrantes nas camadas médias assalariadas da sociedade – entre médicos e professores, por exemplo[1] (Rodrigues, 2002).

---

1 Conforme argumentado por Rodrigues (2002), essas diferenças nos padrões de recrutamento dos partidos são esperadas com base na "suposição, quase intuitiva e lógica [...], de que, ceteris paribus, os parlamentares, segundo suas origens e status socioeconômico, estariam em partidos que mais se aproximassem de suas convicções ideológicas e interesses pessoais" (Rodrigues, 2002, p. 32).

Também no Capítulo 3, mostramos que o mesmo autor, em outro trabalho, encontrou uma diferença importante no que se refere à classe política brasileira, a partir da eleição de Luiz Inácio Lula da Silva à presidência, em 2002. Essa diferença foi sintetizada pelo autor no argumento de que estaria em curso um processo de popularização da classe política, construído com base na comparação entre os perfis sociais dos deputados federais eleitos em 1998 e em 2002. Como resultado, os dados demonstraram que "**reduziu o número de parlamentares originários das classes ricas e aumentou a proporção dos que vieram das classes médias e das classes trabalhadoras**" (Rodrigues, 2009, p. 8, grifo do original).

Desse modo, como ressalta o próprio autor, o termo *popularização* não significa que se está falando de "um assalto dos plebeus a um dos órgãos mais importantes da democracia representativa brasileira" (Rodrigues, 2009, p. 6). O que foi constatado mediante a comparação entre as referidas legislaturas, mais precisamente, foi "por um lado, a redução do espaço ocupado pelos políticos das classes mais altas em termos de renda, educação e status e, por outro, a ascensão dos políticos das classes médias, mais corretamente, de **alguns** de seus estratos, majoritariamente os de escolaridade relativamente elevada" (Rodrigues, 2009, p. 7, grifo do original). Com base nessa constatação, a interpretação do autor é a de que estaria "em curso uma alteração social na **classe política** brasileira como um todo, alteração ampliada pelos resultados eleitorais de 2002" (Rodrigues, 2009, p. 7, grifo do original).

Dada a importância da interpretação sugerida por Rodrigues (2002, 2009) – não apenas no que se refere ao recrutamento partidário mas também em relação ao funcionamento do sistema político como um todo –, alguns autores decidiram testar a hipótese da popularização da classe política brasileira. Luiz Domingos Costa e Adriano Codato (2013), por exemplo, fizeram isso observando um intervalo de tempo mais longo e olhando para a outra casa do Legislativo nacional. Assim, o banco de dados utilizado como substrato empírico pelos autores envolveu os 240 indivíduos eleitos para o Senado entre 1986 e 2010. O objetivo fundamental foi averiguar se os principais achados dos estudos sobre as elites dirigentes brasileiras abrigadas na Câmara Baixa também seriam encontrados na Câmara Alta (Costa; Codato, 2013).

De fato, a análise das principais categorias socioprofissionais encontradas entre os senadores eleitos durante o período considerado mostra uma redução considerável no número de empresários e de profissionais liberais e um aumento importante entre os professores. Em números, apesar de certa oscilação entre uma eleição e outra, a proporção de senadores que ainda eram ou tinham sido empresários (antes de chegarem ao Senado) caiu de 39%, em 1990, para 26%, em 2010 (Costa; Codato, 2013). A diminuição na representatividade dos profissionais liberais também é considerável: em 1986, eles representavam 31% e, em 2010, passaram a 13%. Por sua vez, o número de senadores oriundos do magistério triplicou no mesmo período: de 6% para 17% (Costa; Codato, 2013).

Com base nessas constatações, a questão a ser observada passa a ser se a diminuição da participação das categorias socioprofissionais consideradas de perfil mais elitista (como a dos empresários e das profissões liberais tradicionais) e o aumento das camadas médias assalariadas (professores, por exemplo) indicariam, de fato, um processo de popularização da classe política brasileira. Costa e Codato (2013) defendem que, em vez da popularização, essas tendências seriam indicadoras da profissionalização da classe, uma vez que o declínio da presença dos "notáveis" nessa área – isto é, daqueles portadores de elevadíssimo capital econômico ou cultural, para usar a terminologia bourdieusiana – poderia ser uma evidência da profissionalização das carreiras políticas (Guttsman, 1974; Dogan, 1999, citados por Costa; Codato, 2013).

Assim, é justo questionar se, além do declínio dos notáveis, haveria outros indicadores de que as carreiras políticas no Brasil estariam se profissionalizando. Na literatura especializada em estudos de recrutamento e de carreiras políticas, há evidências importantes nesse sentido. Em linhas gerais, é possível afirmar que os achados dessa literatura têm indicado, como notam Costa e Codato (2013), um declínio do peso relativo de variáveis externas à área (poder familiar, influência regional, prestígio profissional, entre outros) em favor de variáveis internas (experiência política prévia, trajetória partidária, *expertise* na atividade etc.). Dessa forma, o declínio dos notáveis poderia significar – em vez de uma maior democratização no acesso às instituições ou de um processo de popularização da classe política – um "maior controle das oportunidades por partes de indivíduos desde muito cedo dedicados às atividades políticas" (Costa; Codato, 2013, p. 122).

Entre os principais fatores elencados pela literatura especializada como indicadores do processo de profissionalização da classe política, é possível destacar três deles como os mais relevantes para que um indivíduo consiga chegar ao Legislativo Federal: i) ser político; ii) ter diploma de curso superior; e iii) apresentar experiência legislativa prévia[2]. Essas são, de longe, as variáveis mais importantes para transformar um aspirante à Câmara dos Deputados ou ao Senado em um deputado ou em um senador eleito. Vejamos, a seguir, alguns dos

---

2   *Esses fatores referem-se a três tipos de indicadores muito utilizados pelos estudos sobre as elites, quais sejam, respectivamente: i) ocupação; ii) escolaridade; e iii) tipo de carreira política prévia.*

dados reunidos pela literatura especializada com relação à profissionalização ou não da classe política brasileira.

Ser político profissional – isto é, ser ou já ter sido político – e ter curso superior completo foram, com folga, os principais fatores de impacto nas chances de obter uma cadeira na Câmara dos Deputados nas eleições de 1998, 2002 e 2006 (Perissinotto; Miríade, 2009; Perissinotto; Bolognesi, 2010).

Nas eleições de 2006, por exemplo, no quesito *ocupação*, a categoria *político* foi, com folga, a mais importante. Isso pode ser observado comparando-se o universo dos candidatos com o dos eleitos: entre os primeiros, os políticos eram 10,7%; entre os eleitos, alcançavam 46,8% (Perissinotto; Miríade, 2009). Portanto, a sobrerrepresentação é imensa – quase a metade dos eleitos. No quesito *escolaridade*, por sua vez, a sobrerrepresentação é ainda mais evidente: entre os candidatos, os que apresentavam curso superior eram 52,9%; entre os eleitos, o número subiu para 80,5% (Perissinotto; Miríade, 2009). Ressaltamos que esses achados, como notam os autores, não são novidades, e sim corroboram a maioria dos estudos sobre as elites políticas nas democracias ocidentais.

No caso do Senado, esses dois fatores também se mostraram bastante relevantes. Com relação ao quesito *ser político*, o estudo realizado por Costa e Codato (2013), mesmo com o emprego de um critério bastante exigente[3], identificou um aumento expressivo dessa categoria:

---

3 Para definirem a profissão dos senadores, os autores consideraram a ocupação mais frequente na trajetória pregressa do indivíduo, e não aquela autodeclarada e que consta no registro do candidato no Tribunal Superior Eleitoral (TSE). A maior parte das informações biográficas reunidas no banco de dados foi coletada e sistematizada com base em verbetes biográficos do Dicionário histórico-biográfico brasileiro (DHBB), desenvolvido pelo Centro de Pesquisa e Documentação de História Contemporânea do Brasil (CPDOC), da Fundação Getulio Vargas (FGV).

entre os eleitos, em 1986, aqueles que já eram políticos profissionais representavam apenas 2%; em 2010, esse número passou para 13% (Costa; Codato, 2013). Já no que se refere ao quesito *escolaridade*, a média de senadores que tinham, pelo menos, diploma de curso superior no período de 1986 a 2010 foi de praticamente 90% (Costa; Costa; Nunes, 2014).

O quesito *tipo de carreira*, por sua vez, indica a trajetória prévia do indivíduo até o cargo para o qual foi eleito. Há, pelo menos, dois tipos de resultados esperados nessa análise. De um lado, estão as trajetórias longas e diversificadas na área – o que evidencia um campo político consolidado, que tem critérios de recrutamento próprios e se apresenta pouco permeável à entrada de amadores ou aventureiros. De outro, estão as trajetórias curtas e descontínuas na esfera política – sugerindo um campo político pouco consolidado e mais acessível à entrada de forasteiros portadores de recursos externos (dinheiro, prestígio, popularidade etc.).

No caso específico dos deputados e dos senadores brasileiros, uma das maneiras de aferir o tipo de carreira dos eleitos é verificar a trajetória parlamentar prévia deles. Isso foi feito por Costa e Codato (2013) no trabalho citado aqui. Esse tipo de indicador, como notam os autores, permite que se entenda a estrutura de oportunidades das carreiras políticas no Brasil, isto é, o tipo de trajetória que aumenta ou diminui as chances de um indivíduo ser eleito para o Legislativo Federal (Costa; Codato, 2013). Os dados dessa pesquisa estão na Tabela 4.1.

Tabela 4.1 – Trajetória parlamentar de deputados e senadores[4]

	Senadores (1986-2006)		Deputados (1986-1998)	
	N	%	N	%
Vereador	41	18,8	90	6
Deputado Estadual	77	35,3	293	19,4
Deputado Federal	116	53,2	684	45,4
Senador	60	27,5	23	1,5
Sem passagem	42	19,3	417	27,7

Fonte: Adaptado de Costa; Codato, 2013, p. 121.

Como é possível perceber, existem diferenças entre as trajetórias de deputados e senadores: entre estes, a proporção dos que passaram pelos legislativos municipais e estaduais, por exemplo, é maior do que a daqueles. Considerando-se as duas categorias somadas, mais da metade (54,1%) dos senadores apresentou experiência na política municipal ou estadual; no caso dos deputados, esse número caiu para 25,4%. Porém, o que mais chama a atenção são os dados da categoria *sem passagem*, que indicam aqueles parlamentares que conseguiram se eleger sem experiência legislativa prévia: 19,3% entre os senadores e 27,7% entre os deputados. Isso significa que quase 80% dos senadores e mais de 70% dos deputados já tinham experiência parlamentar quando foram eleitos.

Esses dados evidenciam que o Legislativo brasileiro está longe de ser um terreno desprovido de regras e critérios internos de seleção de candidatos. O que os resultados dos estudos sobre as elites políticas brasileiras vêm revelando é uma associação cada vez mais robusta entre carreira e sucesso eleitoral, ou seja, os recursos de natureza

---

4   *As respostas são múltiplas, logo, as somas ultrapassam 100% (Costa; Codato, 2013).*

política acumulados durante as trajetórias prévias dos eleitos têm se mostrado progressivamente decisivos para elegê-los (Costa, 2010; Costa; Codato, 2013; Perissinotto; Bolognesi, 2010; Perissinotto; Miríade, 2009). Desse modo, a observação empírica tem permitido enxergar um padrão cada vez mais endógeno de recrutamento por parte das instituições. Isso significa que recursos situados fora da esfera política – como *status* e prestígio social – têm declinado em importância em favor daqueles propriamente políticos. Tal fato se comprova mesmo ao se considerarem grupos que ocupam posições privilegiadas não apenas do ponto de vista econômico mas também em termos de condição e reputação social, como o dos empresários. Justamente por ocupar essa posição distintiva na sociedade, seria de se esperar que a categoria empresarial tivesse possibilidades de ascender politicamente de maneira mais rápida e independente em relação ao campo político. Em outros termos, a expectativa era a de que o recrutamento das camadas empresariais fosse mais lateral (Santos, 2000; Santos; Serna, 2007).

Ao menos no caso dos senadores, isso não se confirma. Para chegarmos a essa conclusão, comparamos o padrão de carreira dos senadores-empresários – aqueles que ainda eram ou tinham sido empresários quando foram eleitos – com o do restante dos eleitos para o período de 1986 a 2010. Embora tenhamos comprovado que os homens de negócio se concentram em partidos de direita e de centro[5] (Rodrigues, 2002, 2009), não encontramos grandes diferenças entre os padrões de carreira dos dois grupos. Dessa forma, a condição

---

5 Entre os 73 senadores-empresários de nosso banco de dados, 37 foram eleitos por partidos de centro; 34 por partidos de direita; e apenas 2 por partidos de esquerda (Costa; Costa; Nunes, 2014).

socioeconômica favorável dos senadores-empresários "não implicou em condições diferenciadas e mais rápidas de acesso ao cargo de senador" (Costa; Costa; Nunes, 2014, p. 247). Mais especificamente, a média de idade com que esse grupo inicia sua carreira política (35,66 anos) é muito próxima da média para o total de senadores (34,31 anos). O mesmo ocorre com o tempo médio necessário de carreira política para chegar ao Senado: 16,10 anos para os empresários e 18,65 anos para as outras categorias profissionais somadas (Costa; Costa; Nunes, 2014).

Portanto, podemos afirmar, com base no que foi exposto, que o recrutamento da classe política brasileira tem se tornado cada vez menos dependente de critérios não políticos – e, por consequência, mais estreitamente relacionado a aspectos que denotam *expertise* na área. Assim, a classe política brasileira tem se caracterizado cada vez mais por carreiras mais longas e diversificadas e pela dedicação exclusiva ao ofício.

Como é possível perceber, essa caracterização vai ao encontro da noção de profissionalização política abordada no início deste capítulo, qual seja, a de que a profissionalização ocorre quando: i) a participação do indivíduo deixa de ser ocasional e passa a ser contínua; ii) a dedicação do indivíduo deixa de ser parcial e passa a ser integral ou exclusiva (Czudnowski, citado por Perissinotto; Veiga, 2014).

Considerando essa estrutura profissionalizada da atividade política, podemos retomar a questão do papel desempenhado pelos partidos políticos, uma vez que, quando se fala em *atividade política profissionalizada*, a relevância das legendas partidárias aumenta significativamente – seja pelo papel de triagem entre amadores e profissionais durante o processo de recrutamento, seja pela distribuição de recursos organizacionais imprescindíveis para se obter sucesso político (Perissinotto; Veiga, 2014). De uma forma ou de outra, essas questões apontam para um aspecto que, há tempos, vem sendo considerado como uma das principais funções dos partidos: a seleção de candidatos. Esse é o tema da seção seguinte.

(4.2) SELEÇÃO DE CANDIDATOS NOS PARTIDOS POLÍTICOS BRASILEIROS

Como afirmamos anteriormente, a relevância dos partidos políticos no processo de seleção de candidatos está longe de ser novidade (Gallagher; Marsh, 1988; Schattschneider, 1941). Para alguns autores, aliás, a importância dessa função partidária é tão grande que eles acreditam que ela deveria fazer parte de qualquer definição de *partido político* (Key Jr., 1964; Sartori, 1976). No caso específico do Brasil, no entanto, análises que tenham em conta o papel desempenhado pelos partidos no processo de recrutamento das elites políticas eram praticamente inexistentes até o começo do presente século.

A razão disso é que, durante muito tempo, o debate sobre partidos políticos no Brasil ficou restrito à discussão acerca dos efeitos do arranjo institucional nacional sobre o sistema partidário. Assim, o argumento geral – nosso velho conhecido – era o de que a combinação pouco alvissareira de presidencialismo, multipartidarismo e sistema de representação proporcional com lista aberta teria produzido um sistema partidário excessivamente fragmentado e permeado por legendas fracas e pouco representativas (Ames, 1995; Mainwaring, 1991, 1993). Portanto, diante dessa perspectiva, na seleção de candidatos, não faria muito sentido estudar o papel desempenhado pelos partidos – já que eles teriam pouca ou nenhuma relevância para o funcionamento do sistema político. Por conta disso, há uma assimetria nos estudos sobre partidos políticos no Brasil; como explica

Maria do Socorro Braga (2008, p. 456), embora a seleção de candidatos seja "uma das atividades centrais de qualquer organização partidária em uma democracia, seu estudo foi pouco tratado pela Ciência Política brasileira".

Mais recentemente, entretanto, alguns analistas – ao levarem em conta a organização interna das legendas partidárias – vêm mostrando que o arranjo institucional brasileiro não impediu que os partidos políticos nacionais controlassem, em boa medida, o processo de seleção de candidatos (Álvares, 2006; Braga, 2006, 2008). Em linhas gerais, o argumento é que os incentivos gerados pelo sistema eleitoral não produzem, necessariamente, vínculos frouxos entre partidos e candidatos, nem favorecem a prevalência destes sobre aqueles. Em outros termos,

> *por um lado, independentemente do tipo de sistema eleitoral, haverá políticos dispostos a investir maior energia e mais recursos visando sua carreira pessoal, por outro lado, haverá políticos trabalhando para manter a organização partidária funcionando e mesmo cooperando com diversos recursos para incrementar e fortalecer a estrutura organizacional.* (Braga, 2008, p. 458)

Levando em consideração as contribuições pioneiras desses trabalhos e uma série de pesquisas por eles inspiradas, podemos contar, mais recentemente, com um estoque maior de informações acerca do funcionamento interno das organizações partidárias no Brasil, o que nos possibilita examinar os impactos do *modus operandi* do sistema político brasileiro. Nessa perspectiva, os estudos sobre seleção de candidatos ocupam lugar de destaque, visto que, em democracias representativas, como a brasileira, independentemente da fórmula eleitoral utilizada, "o **processo de seleção dos candidatos** é uma das primeiras atividades desenvolvidas pelos partidos políticos" (Braga; Bolognesi, 2013, p. 75, grifo do original).

Assim, se quisermos saber quem decide, de que forma o faz e com base em quais critérios quem pode ou não ser candidato a quaisquer cargos eletivos no Brasil, será preciso olhar para o processo de seleção de candidatos que ocorre dentro dos partidos[6]. Foi o que fizeram alguns pesquisadores interessados nesse assunto.

Entre os trabalhos pioneiros da área estão duas pesquisas realizadas individualmente por Maria Luzia Miranda Álvares (2006) e por Maria do Socorro Braga (2008). O objetivo das autoras foi, com base nos achados da literatura estrangeira especializada, averiguar o quão inclusivos ou exclusivos seriam os processos de recrutamento dos principais partidos brasileiros. Mediante um modelo utilizado para medir o grau de inclusão ou de exclusão dos processos de seleção de candidatos utilizados pelos partidos (Rahat; Hazan, 2001), as autoras analisaram os estatutos partidários e as regras eleitorais para aferir o nível de exigência das legendas para com aqueles que quisessem ser candidatos (Álvares, 2006; Braga, 2008).

A ideia por trás do modelo empregado é que os partidos podem ser distribuídos em uma reta com dois polos, conforme o Quadro 4.1. De um lado, no polo mais inclusivo, as exigências aos pretendentes são mínimas e, em seu limite, todo eleitor poderia ser candidato. De outro, no polo mais exclusivo, o nível de exigência é muito elevado em função das diversas restrições impostas pelos selecionadores de candidatos (Braga, 2008).

---

6   *O processo de seleção de candidatos realizado pelos partidos elimina "99,96% dos possíveis elegíveis, restando para o crivo do voto apenas 0,04%. Ou seja, é na seleção de candidatos que se determina em larga medida qual será o perfil dos eleitos e quais serão as políticas públicas que o partido defenderá ao longo dos mandatos" (Gallagher; Marsh, 1988, citados por Bolognesi, 2013, p. 47).*

Quadro 4.1 – Quem pode ser candidato e grau de inclusão

Maior inclusão		Menor inclusão
Todos os cidadãos	Todos os membros dos partidos	Membros partidários que cumpriram os requisitos

Fonte: Adaptado Braga, 2008, p. 469.

Os resultados encontrados pelas duas autoras convergiram no sentido de que, dentre os cinco partidos analisados, o Partido dos Trabalhadores (PT)[7] foi o único com exigências próprias para que seus filiados pudessem ser candidatos, sendo, portanto, o menos inclusivo[8]; já os demais – Partido Progressista (PP), Partido da Frente Liberal/Democratas (PFL/DEM), Partido do Movimento Democrático Brasileiro (PMDB) e Partido da Social Democracia Brasileira (PSDB) – apresentaram as mesmas exigências, apenas aquelas constantes na

---

7 Segundo o Estatuto do PT (citado por Braga, 2008, p. 472), "Art. 128: São pré-requisitos para ser candidato do Partido: estar filiado ao Partido, pelo menos, um ano antes do pleito; a) estar em dia com a tesouraria do Partido; b) assinar e registrar em Cartório o 'Compromisso Partidário do Candidato Petista', de acordo com modelo aprovado pela instância nacional do Partido, até a realização da Convenção Oficial do Partido. § 1º: A assinatura do 'Compromisso Partidário do Candidato Petista' indicará que o candidato está previamente de acordo com as normas e resoluções do Partido, tanto em relação à campanha quanto ao exercício do mandato. § 2º: Quando houver comprovado descumprimento de qualquer uma das cláusulas do 'Compromisso Partidário do Candidato Petista', assegurado o pleno direito de defesa à parte acusada, o candidato será passível de punição, que poderá ir da simples advertência até o desligamento do Partido com renúncia obrigatória ao mandato". Atualmente, na versão aprovada em reunião do Diretório Nacional do partido, em 29 de outubro de 2015, o item que trata dos pré-requisitos para ser candidato é o art. 140 (PT, 2015).

8 O grau de inclusão, nesse caso, diz respeito apenas às exigências estatutárias de cada partido, não tendo, necessariamente, relação com o perfil social dos selecionados, como o tipo de ocupação profissional e a presença de grupos minoritários.

legislação eleitoral, e bastava ao pretendente a candidato ser filiado (Álvares, 2006; Braga, 2008), conforme mostra o Quadro 4.2.

Quadro 4.2 – Requisitos para ser candidato segundo a Lei Eleitoral e os estatutos partidários

Maior inclusão ⟵――――――――――――――――――――⟶ Menor inclusão

Todos os eleitores	Membros partidários (filiação)	Filiados com restrições internas
	PP PFL PMDB PSDB	PT

Fonte: Adaptado de Braga, 2008, p. 473.

A trilha sugerida pelas autoras foi seguida por elas e por outros pesquisadores, com o objetivo de ampliar o estoque de informações acerca do processo de recrutamento interno conduzido pelas legendas partidárias. Maria do Socorro Braga, por exemplo, juntou-se com Luciana Veiga e Angel Miríade para estudar o recrutamento partidário realizado nas eleições para a Câmara dos Deputados em 2006. Dessa vez, além dos mecanismos formais (legislação eleitoral e partidária, estatutos, entre outros), as autoras procuraram levar em conta, também, eventuais mecanismos informais de seleção. Para tanto, observaram-se diversas convenções partidárias, durante o período de definição das candidaturas, no primeiro semestre de 2006. As legendas contempladas no estudo foram as seguintes: PP, PFL/DEM, PMDB, PSDB e PT (Braga; Veiga; Miríade, 2009).

Há, nesse estudo, outra característica importante: foram considerados os candidatos e os eleitos pelas referidas legendas, o que possibilitou uma perspectiva comparativa entre os dois grupos. Por isso mesmo, os objetivos foram, de um lado, investigar o papel desempenhado pelas lideranças no processo de composição das listas partidárias e, de outro, verificar o grau de inclusão dos partidos, comparando-se o universo dos candidatos com o dos eleitos (Braga; Veiga; Miríade, 2009). Feitas as contas, as análises conduzidas pelas autoras permitiram duas conclusões principais.

A primeira delas é que "as lideranças partidárias concentram grande poder no processo de recrutamento e formação das listas de candidatos" (Braga; Veiga; Miríade, 2009, p. 139) – seja definindo as listas por conta própria (como ocorre no PP e no DEM), seja montando as listas que serão votadas nas convenções (casos do PMDB e do PSDB), seja no processo de seleção mais inclusivo entre os partidos observados (caso do PT). Como é possível observar no Quadro 4.3, nenhum dos partidos escolhe seus candidatos pelo sistema de votação (eleitorado ou filiados) – o que, caso ocorresse, aumentaria o grau de inclusão do processo –, mas por indicação. Em termos formais, a seleção dos candidatos no PP e no DEM é feita pelo líder partidário; no PMDB e no PSDB, pelo órgão executivo do partido; e, no PT, pelo órgão colegiado (Braga; Veiga; Miríade, 2009).

Quadro 4.3 – Quem (e como) escolhe os candidatos à Câmara dos Deputados e o grau de inclusão

Maior inclusão/ sistema de votação				Menor inclusão/ sistema de nomeação
Eleitorado (internas abertas)	Filiados (internas fechadas)	Seleção por órgão colegiado do partido	Seleção por órgão executivo do partido	Líder partidário
		PT	PMDB PSDB	PP PFL

Fonte: Adaptado de Braga; Veiga; Miríade, 2009, p. 132.

A segunda conclusão das autoras é que

o tipo de processo de seleção – mais ou menos inclusivo – e a forma de organização da estrutura de autoridade e de oportunidades nesses partidos – mais ou menos centralizada em suas lideranças – importam sobremaneira na definição das candidaturas, na medida em que influencia o perfil dos selecionados. (Braga; Veiga; Miríade, 2009, p. 139, grifo do original)

Entre os partidos analisados, dois extremos foram identificados. De um lado, o PT, "o tipo mais inclusivo[9] dos partidos investigados, abrindo mais espaço para mulheres, pessoas de baixa escolaridade e trabalhadores manuais" (Braga; Veiga; Miríade, 2009, p. 139). De outro, o PFL/DEM, "como o tipo menos inclusivo, abrindo pouco espaço para a diversidade" (Braga; Veiga; Miríade, 2009, p. 139).

---

9   *Aqui, sim, o grau de inclusão está relacionado ao perfil social dos candidatos selecionados pelos partidos.*

Posto isso, podemos afirmar que os trabalhos citados aqui, além de chegarem a resultados bastante parecidos (o que reforça a validade das conclusões), também apresentam outra semelhança: a unidade de observação principal é o partido e sua organização interna. Essa, no entanto, não é a única abordagem possível.

Outra forma de se analisar o processo de seleção de candidatos efetuado pelos partidos é observar os próprios candidatos. Isso não significa, necessariamente, deixar de considerar a estrutura organizacional interna dos partidos, mas levar em conta também a percepção que os candidatos têm dos processos de recrutamento partidário pelos quais tiveram de passar.

Esse procedimento foi adotado recentemente por Bruno Bolognesi (2013). A pesquisa do autor se baseou em um questionário (*survey*) aplicado a 120 candidatos a deputado federal nas eleições de 2010, distribuídos por seis estados: Paraná, Rio Grande do Sul, São Paulo, Rio de Janeiro, Sergipe e Pará. Os partidos aos quais pertenciam os candidatos pesquisados eram DEM, PMDB, PSDB e PT. O objetivo principal foi medir o nível de democracia interna desses partidos. A hipótese era a de que haveria diferenças nos processos de seleção de candidatos dos partidos e que elas afetariam o nível de democracia interna. Para medir esse nível, o autor utilizou quatro dimensões do processo de seleção, conforme demonstra a Tabela 4.2, e atribuiu pontuações (*scores*) para cada uma delas, com base nas informações obtidas por meio dos questionários.

Tabela 4.2 – Sumarização de *scores* para democracia interna nos partidos políticos

	Requisitos para candidatura	*Selectorate*[10]	Descentralização	Forma de nominação	*Score* total
DEM	1	0	1	0	2
PMDB	1	0	1	0	2
PSDB	1	1	1	0	3
PT	0	2	1	1	4

Fonte: Adaptado de Bolognesi, 2013, p. 64.

Como consta na Tabela 4.2, a maior pontuação para o índice de democracia interna dos partidos analisados, com base nos quatro critérios utilizados, foi a do PT (*score* total = 4). A segunda maior pontuação foi obtida pelo PSDB (3), seguido pelo PMDB (2) e pelo DEM (2). Esta foi, portanto, a ordem dos partidos classificados de acordo com o grau de democracia interna identificado no processo de escolha dos respectivos candidatos nas eleições de 2010, do mais democrático para o menos democrático: PT, PSDB, PMDB e DEM (Bolognesi, 2013).

Adicionalmente, o autor pretendeu testar a hipótese segundo a qual, quanto mais democrático internamente fosse o partido, mais inclusivo ele seria em relação ao espaço oferecido para grupos sociais minoritários. Em função dos limites relativos aos dados que o autor tinha à disposição, o exame dessa hipótese foi feito com base apenas

---

10 O termo selectorate *se refere ao grau de admissibilidade do órgão responsável por selecionar os candidatos em cada partido. Quanto maior for a participação de membros intermediários nas respectivas legendas – como delegados ou mesmo filiados comuns –, mais inclusivo será o processo de seleção. Em sentido inverso, quanto maior for a relevância das participações dos líderes partidários, menos inclusivo será o processo.*

na participação feminina em cada uma das listas partidárias apresentadas para as eleições de 2010. A Tabela 4.3 mostra esses dados.

Tabela 4.3 – Representatividade de mulheres

Partido	IR	IRR
DEM	7,4	0,76
PMDB	8,77	1
PSDB	5,12	1,45
PT	8,62	1,24

Fonte: Adaptado de Bolognesi, 2013, p. 65.

Observando-se os dados dessa tabela, é possível perceber dois tipos de informações disponíveis. O primeiro deles é o **índice de representatividade (IR)**. Adaptado da literatura internacional por Bolognesi (2013), esse indicador mede a representatividade de cada partido com base na participação feminina nas respectivas listas: quanto maior é o indicador, maior também é a participação das mulheres na lista e, consequentemente, mais representativo é o partido.

Como é possível notar pela análise desse indicador, a maior proporção de mulheres na lista de candidatos foi a do PMDB, um dos partidos, conforme consta na Tabela 4.2, com menor índice de democracia interna. O DEM, por sua vez, o menos democrático internamente entre todos os partidos analisados, teve maior participação feminina em sua lista do que o PSDB, que apresentou o segundo maior índice de democracia interna. Em resumo, portanto, a hipótese segundo a qual partidos com maiores índices de democracia interna seriam também os mais inclusivos não pôde ser confirmada (Bolognesi, 2013).

A explicação para isso pode estar no segundo indicador exposto na Tabela 4.3, o **índice de renovação relativa (IRR)**. Também adaptado da literatura internacional pelo autor, esse indicador procura medir as chances de êxito das mulheres que se dispuseram a candidatar-se pela primeira vez em 2010, isto é, de serem selecionadas como candidatas pelos partidos: quanto maior é esse indicador, mais competitivo é o ambiente no partido e menores são as chances de as novatas serem selecionadas; por sua vez, quanto menor é o indicador, maiores são as chances de êxito das novatas, isto é, de serem escolhidas como candidatas pelo partido (Bolognesi, 2013).

A análise da Tabela 4.3 evidencia que, embora o PT apresente um dos maiores índices de representatividade (8,62), também tem o segundo ambiente mais competitivo (1,24). Por outro lado, DEM e PMDB apresentam os menores indicadores (0,76 e 1, respectivamente), o que indica um ambiente menos hostil às novatas pretendentes a candidatas, aumentando as chances de elas figurarem nas listas partidárias. O PSDB, por sua vez, tem o ambiente mais competitivo (1,45), diminuindo as chances de êxito das pretendentes – não por acaso, esse partido apresenta o menor índice de participação feminina (5,12) entre os partidos analisados.

Em suma, os dados computados pelo autor mostram que há outros fatores de influência para o grau de participação feminina nas listas partidárias, para além dos níveis de democracia interna contemplados nos processos de seleção de candidatos. Em outras palavras, processos internos de seleção mais democráticos não são, necessariamente, mais inclusivos (Bolognesi, 2013).

Síntese

Destacamos, no decorrer deste capítulo, que a interpretação de Leôncio Martins Rodrigues (2009) sobre o processo de popularização da classe política brasileira está relacionado ao declínio da presença de "notáveis" nessa área.

Além disso, analisamos a argumentação de que esse declínio tem sido ligado, historicamente, aos processos de autonomização e profissionalização da atividade política.

Por fim, examinamos o papel desempenhado pelos partidos no recrutamento da classe política, corroborando a ideia de profissionalização da atividade nessa esfera.

Questões para revisão

1. Disserte sobre a clássica definição de *político profissional* segundo o pensamento de Max Weber (2013).

2. Confronte as teses da popularização (Rodrigues, 2009) e da profissionalização da classe política brasileira (Costa; Codato, 2013), que oferecem distintas interpretações para o declínio da participação das camadas mais elitistas (como a dos empresários e dos profissionais liberais tradicionais) em seu interior.

3. Leia atentamente os itens a seguir, referentes às características do processo de profissionalização política, e classifique-os como verdadeiros (V) ou falsos (F):
   ( ) Aumento da participação de aventureiros na esfera política.
   ( ) Aumento da participação de políticos com experiência prévia.

( ) Declínio da importância atribuída a critérios externos, como prestígio social e influência regional.

( ) Aumento da importância atribuída a atributos propriamente políticos, como trajetória partidária e experiência legislativa.

Agora, assinale a alternativa que apresenta a sequência correta:

a) F, V, V, V.
b) F, F, F, F.
c) F, V, F, V.
d) V, V, V, V.
e) V, F, V, F.

4. Assinale a alternativa correta com relação a indicadores da profissionalização da atividade política:
   a) Declínio do peso do dinheiro e das legendas partidárias.
   b) Declínio das carreiras políticas longas.
   c) Aumento do peso dos indivíduos estreantes na política.
   d) Declínio do peso das variáveis externas à política (poder familiar, prestígio social etc.).
   e) Aumento do peso das variáveis externas à política (poder familiar, prestígio social etc.).

5. Leia atentamente os itens a seguir, relacionados ao papel dos partidos políticos em regimes democráticos, e classifique-os como verdadeiros (V) ou falsos (F):
   ( ) Selecionar candidatos para cargos eletivos.
   ( ) Distribuir recursos financeiros e organizativos entre os candidatos selecionados.
   ( ) Representar a diversidade social na esfera política.
   ( ) Dar voz às minorias.

Agora, assinale a alternativa que apresenta a sequência correta:

a) F, V, V, V.
b) F, F, F, F.
c) F, V, F, V.
d) V, V, F, F.
e) V, F, V, F.

Questões para reflexão

1. Reflita sobre os benefícios que podem ser gerados pela profissionalização da atividade política.
2. Qual é a importância dos partidos políticos em regimes democráticos?

Para saber mais

CODATO, A.; COSTA, L. D.; MASSIMO, L. (Ed.). **Retratos da classe política brasileira**: estudos de ciência política. Saarbrücken: Novas Edições Acadêmicas, 2015.

Indicamos esse livro ao leitor interessado em conhecer mais sobre os resultados empíricos recentes dos estudos sobre as elites.

PERISSINOTTO, R.; CODATO, A. (Org.). **Como estudar elites**. Curitiba: Ed. da UFPR, 2015.

Trata-se de obra essencial para o leitor que quer compreender a metodologia e as técnicas de pesquisa utilizadas atualmente nos estudos sobre as elites.

Parte III
Eleitorado e relações intergovernamentais

Capítulo 5
Eleitorado brasileiro

CONTEÚDOS DO CAPÍTULO:

- Comportamento dos eleitores nas eleições presidenciais do período de 1989 a 2002.
- Comportamento dos eleitores nas eleições presidenciais a partir de 2006.
- Interpretações acerca da emergência do lulismo.

APÓS O ESTUDO DESTE CAPÍTULO, VOCÊ SERÁ CAPAZ DE:

1. compreender o padrão de comportamento dos eleitores brasileiros desde a redemocratização;
2. reconhecer as transformações no padrão de comportamento dos eleitores brasileiros a partir das eleições de 2006;
3. identificar algumas das interpretações sobre a emergência do que se convencionou chamar de *lulismo*.

Entre as três teorias clássicas que procuraram explicar o comportamento dos eleitores, a **teoria sociológica do voto** é a mais antiga[1]. Essa escola de pensamento, que surgiu na década de 1930, na Universidade de Columbia, nos Estados Unidos, buscou estabelecer a tese geral segundo a qual "posição social define voto" (Cervi, 2012, p. 97). Dessa perspectiva, portanto, o comportamento eleitoral não é explicado com base nos indivíduos, mas nas condições sociais nas quais "as instituições, as práticas, as ideologias e os objetivos políticos se formam e atuam" (Borba, 2005, p. 155-156). Como é possível perceber, o contexto de ação dos indivíduos adquire importância fundamental e poderia ser medido por intermédio de variáveis socioeconômicas, demográficas e ocupacionais. O objetivo geral desse tipo de estudo é mostrar que existe relação entre essas variáveis e o comportamento dos eleitores (Borba, 2005).

Na prática, a interpretação geral é a de que o conjunto de demandas definido pela origem social dos eleitores produz o tipo de comportamento político que eles assumirão ao longo da vida. Assim, as necessidades características dos estratos mais altos de determinada sociedade acabariam por identificar os indivíduos a ela pertencentes com o tipo de propostas veiculadas por partidos e políticos situados à direita do espectro ideológico. O mesmo ocorreria com os estratos médios da população e os partidos de centro e com os estratos mais baixos e os partidos de esquerda –, conforme ilustrado no Quadro 5.1.

---

1 As três teorias clássicas dedicadas à explicação do comportamento dos eleitores são, em ordem cronológica: a teoria sociológica, a teoria psicológica e a teoria racional. A esse respeito, sugerimos, entre outros: Borba (2005); Cervi (2012), especialmente o Capítulo 4.

Quadro 5.1 – Síntese da distribuição sociológica dos votos

	Direita	Centro	Esquerda
Alta			
Média			
Baixa			

Fonte: Adaptado de Cervi, 2012, p. 98.

Esse não tem sido, no entanto, o cenário brasileiro, visto que, no Brasil, historicamente, as camadas mais pobres da sociedade tendem a direcionar seus votos para partidos e candidatos situados à direita do espectro ideológico. Por que isso acontece? Essa é uma das perguntas a que procuraremos responder neste capítulo; por ora, basta ter em mente que, embora a população brasileira seja predominantemente composta por setores de baixa renda, o posicionamento à esquerda do espectro ideológico tem sido francamente minoritário, como pode ser visto na Tabela 5.1.

Tabela 5.1 – Posição no espectro ideológico no Brasil (1989-2006)

	Esquerda	Centro	Direita	NS/NR[*]
1989 (Datafolha, set. 89)	22%	19%	37%	20%
1997 (F. Perseu Abramo, nov. 97)	19%	21%	34%	25%
2002 (Criterium, out. 02)	26%	18%	18%	16%
2006 (F. Perseu Abramo, mar. 06)	26%	20%	40%	14%

* Não souberam ou não quiseram responder.

Fonte: Adaptado de Singer, 2009, p. 89.

Com isso, a questão que surge é: Como foi possível, para um eleitorado cuja tendência histórica é posicionar-se do centro para a direita no espectro ideológico, eleger um ex-metalúrgico e sindicalista, candidato pelo maior partido de esquerda do país, à presidência da República? Para responder a essa questão, neste capítulo, sintetizaremos alguns dos principais achados da literatura que se especializou em estudos sobre o eleitorado brasileiro.

Essa literatura, conforme observado por Fernando Guarnieri (2014), procura responder, *grosso modo*, a dois questionamentos fundamentais: i) como vota o eleitor; ii) de que forma o comportamento do eleitor influencia as estratégias encampadas pelos partidos. Esse tipo de questionamento deu início a uma extensa literatura que se desenvolveu, sobretudo, durante os anos de 1970 e 1980. Não temos condições de abordá-la neste espaço, mas o leitor interessado no tema pode encontrar ótimas revisões dessa literatura em Marcus Faria Figueiredo (1991), Mônica Machado de Castro (1994) e Olavo Brasil de Lima Júnior (1999).

Neste capítulo, concentraremos nossa atenção tão somente em alguns dos principais resultados de estudos sobre o eleitorado brasileiro que tiveram como objeto as eleições presidenciais do período democrático de 1989 a 2014.

(5.1)
Eleições presidenciais no período de 1989 a 2002

Ao analisarmos as eleições presidenciais do período entre 1989 e 2002, temos a impressão de que algo muito diferente aconteceu no último pleito desse período, no que se refere ao comportamento dos eleitores, porque, depois de ter sido derrotado em três eleições seguidas, o candidato Luiz Inácio Lula da Silva finalmente conseguiu obter êxito. Não obstante, ao examinarmos a história das eleições daquele período, é possível percebermos que a vitória de Lula foi construída paulatinamente.

Em primeiro lugar, é preciso ter em conta a **existência de uma base eleitoral** que foi estruturada durante o período ora em análise. Lula foi o candidato à presidência da República pelo Partido dos Trabalhadores (PT) em todas as eleições do período e havia alcançado a segunda colocação em todas elas: foi derrotado por Fernando Collor, do Partido da Reconstrução Nacional (PRN), em 1989 (no segundo turno), e por Fernando Henrique Cardoso (FHC), do Partido da Social Democracia Brasileira (PSDB), em 1994 e 1998 (ambas as vezes no primeiro turno). Porém, finalmente, venceu o pleito em 2002, ao derrotar José Serra, do PSDB, no segundo turno. A participação de Lula em todas as eleições presidenciais desse período, conforme notado por Marcos Coimbra (2007), possibilitou ao candidato construir, paulatinamente, uma base eleitoral mais ampla e mais sólida do que qualquer outro aspirante ao cargo de presidente da República.

Como é possível notar na Tabela 5.2, de fato, a base eleitoral de Lula cresceu expressivamente ao longo dos pleitos disputados, o que pode ser notado mesmo nas eleições em que ele foi derrotado. Em números, considerando-se apenas os votos recebidos nos primeiros turnos, a evolução de 1989 para 1994 foi de 57,5%; de 1994 para o pleito de 1998, o crescimento foi menor, 17,14%, mas ainda assim relevante, se levarmos em conta o Plano Real, que havia (a duras penas) finalmente estabilizado a moeda; já a evolução da votação recebida em 1998 para a de 2002 foi de 46,6%.

Tabela 5.2 – Evolução da votação em Lula nas eleições presidenciais (1989-2002)[2]

Ano	Lula				Candidatos concorrentes			
	1º Turno		2º Turno		1º Turno		2º Turno	
	Total de votos	%	Total de votos	%	Total de votos	%	Total de votos	%
1989	11 622 673	17,18	31 076 364	46,97	20 611 011	30,47	35 089 998	53,03
1994	17 112 127	27,07	_	_	34 314 961	54,24	_	_
1998	21 475 218	31,71	_	_	35 936 540	53,06	_	_
2002	39 455 233	46,44	52 793 364	61,27	19 705 445	23,19	33 370 739	38,72

Fonte: Elaborado com base em Brasil, 2018c[3].

A ideia de que Lula construiu uma base eleitoral ampla e sólida foi corroborada pelos dados apresentados por Elizabeth Balbachevsky e Denilde Oliveira Holzhacker (2004). Em artigo publicado em conjunto, as autoras procuraram identificar e medir os padrões de votação com base nas estratégias utilizadas pelos eleitores para escolherem seus candidatos. Isso foi feito utilizando-se uma série de questionários (*surveys*) aplicados nos contextos das quatro eleições presidenciais às quais estamos nos referindo. As estratégias dos eleitores para a escolha de seus candidatos foram classificadas pelas autoras em três padrões: "o voto como expressão de uma identidade com o candidato; como crença no potencial de oposição que o candidato representa ou como expressão da crença na sua capacidade administrativa" (Balbachevsky; Holzhacker, 2004, p. 242).

---

2 Os números destacados expressam as votações dos candidatos que venceram as eleições.
3 Informações obtidas em uma ampla pesquisa na base de dados disponível na página Repositório de dados eleitorais, *do site do Tribunal Superior Eleitoral (Brasil, 2018c).* Disponível em: <https://www.tse.jus.br/eleitor-e-eleicoes/estatisticas/repositorio-de-dados-eleitorais-1/repositorio-de-dados-eleitorais>. Acesso em: 22 mar. 2018.

Wellington Nunes

Ao se observarem os resultados apresentados no Gráfico 5.1, é possível perceber que os três padrões de motivação para votar em Lula no primeiro turno de todas as eleições analisadas evoluem expressivamente, mas são sempre liderados pela intenção de voto em função da identidade criada com ele. Esses indicadores, como afirmamos anteriormente, vão ao encontro da ideia de um processo de construção de uma base eleitoral ampla e sólida por parte do candidato – também notado por Coimbra (2007).

Gráfico 5.1 – Evolução da motivação para votar em Lula em eleições presidenciais (1989-2002)[4]

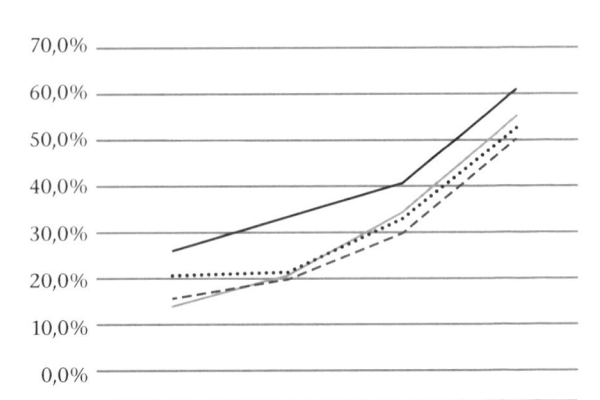

	1989	1994	1998	2002
— Identidade	26,9%	32,60%	40,70%	30,80%
— Potencial de oposição	14,2%	20,70%	34,00%	56,40%
-- Capacidade administrativa	16,8%	19,20%	29,10%	51,10%
..... Total	21,3%	21,90%	33,20%	53,20%

Fonte: Elaborado com base em Balbachevsky; Holzhacker, 2004, p. 249.

---

4 O total identificado corresponde ao percentual de entrevistados que pretendiam votar em Lula.

Em segundo lugar, é preciso considerar também a **natureza da base eleitoral**, ou seja: Quais eram as características desse eleitorado que foi se ampliando durante o período analisado aqui?

No âmbito da ciência política, há, pelo menos, duas maneiras de investigar o tipo de base social que elege um candidato. A primeira delas tem como unidade de observação o **indivíduo** – com base em pesquisas de opinião, levanta-se uma série de atributos individuais dos eleitores (faixa etária, gênero, cor de pele, grau de escolaridade, faixa de renda, preferência partidária, ideologia política etc.). A outra maneira tem como unidade de observação o **território**, isto é, um bairro, um município, um estado, uma região – o objetivo desse tipo de análise é verificar se existe algum tipo de associação entre a votação em determinado candidato e o local selecionado.

Considerando-se o primeiro desses tipos de abordagem, é fato público e notório que, desde o começo, o eleitorado de Lula concentrou-se majoritariamente entre os setores de renda média e de escolaridade mais elevada da população. O próprio Lula tinha consciência disso já em 1989. Depois de ser derrotado por Collor naquele ano, Lula disse o seguinte em uma entrevista:

A verdade nua e crua é que quem nos derrotou, além dos meios de comunicação, foram os setores menos esclarecidos e mais desfavorecidos da sociedade [...]. Nós temos amplos setores da classe média com a gente – uma parcela muito grande do funcionalismo público, dos intelectuais, dos estudantes, do pessoal organizado em sindicatos, do chamado setor médio da classe trabalhadora. (Lula, citado por Singer, 2009, p. 87)

De fato, o diagnóstico do candidato era corroborado por diversas pesquisas de intenção de voto que antecederam aquele pleito. Em geral, essas pesquisas mostravam que as intenções de voto em Lula e em Collor seguiam tendências inversas. Assim, enquanto a vontade de votar em Lula aumentava conforme se avançava das camadas mais baixas da sociedade para as mais altas, com Collor ocorria o contrário. Como consta na Tabela 5.3, Lula vencia Collor nas categorias superiores de renda, ou seja, entre os eleitores com faixa de renda familiar mensal superior a dois salários mínimos (SM). Por outro lado, Collor vencia com folga entre os eleitores com renda familiar mensal inferior ou igual a dois salários mínimos. Portanto, a candidatura de Lula, de fato, foi derrotada entre as camadas mais pobres da população – que constituem a maioria do eleitorado.

Tabela 5.3 – Intenção de voto por renda no 2º turno de 1989

	Até 2 SM	+ de 2 a 5 SM	+ de 5 a 10 SM	+ de 10 SM
Collor	51%	43%	40%	40%
Lula	41%	49%	51%	52%
Nenhum/Branco/Nulo/ Não sabe/Não opinou	8%	8%	9%	8%
Total	100%	100%	100%	100%

Fonte: Adaptado de Singer, 2009, p. 86.

Esse cenário não sofreu grandes alterações até as eleições de 2002, pois, conforme observado por André Singer (2009, p. 89), "as derrotas de Lula em 1994 e 1998 podem ser entendidas como reedições de 1989, apesar da estabilidade monetária ter se sobreposto, em 1994, aos argumentos abertamente ideológicos utilizados por Collor (ameaça comunista) em 1989". De qualquer forma, prossegue o autor, "as duas campanhas de Fernando Henrique Cardoso mobilizaram os eleitores de menor renda contra a esquerda" (Singer, 2009, p. 89).

Mesmo em 2002, quando finalmente conseguiu eleger-se, as intenções de voto em Lula eram claramente inferiores entre os setores mais pobres. Ainda de acordo com Singer (2009, p. 90),

Mesmo em 2002, depois de unir-se a um partido de centro-direita, anunciar um candidato a vice de extração empresarial, assinar uma carta-compromisso com garantias ao capital e declarar-se o candidato da paz e do amor, Lula tinha menos intenção de voto entre os eleitores de renda mais baixa do que entre os de renda superior.

Esse ponto de vista é corroborado por Wendy Hunter e Timothy Power (2007), ao sustentarem que, em todas as eleições presidenciais que ocorreram entre 1989 e 2002, a base eleitoral de Lula esteve entre os setores com maiores níveis de escolarização, localizados, predominantemente, nas regiões mais urbanizadas e industrializadas do Sul e do Sudeste brasileiros.

A observação desses autores insere-se no segundo tipo de análise, mencionado anteriormente, no qual a unidade de observação é o território e cujo objetivo fundamental é verificar se existe algum tipo de associação entre a votação em determinado candidato e o local selecionado. A análise de Hunter e Power (2007) sugere que a votação em Lula, para o período de 1989 a 2002, está positivamente relacionada às regiões mais populosas, urbanizadas e industrializadas do país. A maior parte desses locais, como se sabe, está situada nas regiões Sul e Sudeste.

Jairo Nicolau e Vitor Peixoto (2007), utilizando-se de ferramentas semelhantes, isto é, estabelecendo relações entre voto e território, mostraram que, de fato, a votação em Lula nas eleições de 2002 era diretamente proporcional ao tamanho do município – a votação foi maior nas cidades mais populosas e menor nas menos populosas. O Gráfico 5.2 indica que, nos dois turnos das eleições daquele ano, o percentual de votos válidos em Lula aumentou no mesmo sentido em que foram ampliadas as faixas de tamanho dos municípios.

Gráfico 5.2 – Votação em Lula por faixas de municípios (% de votos válidos) – 2002

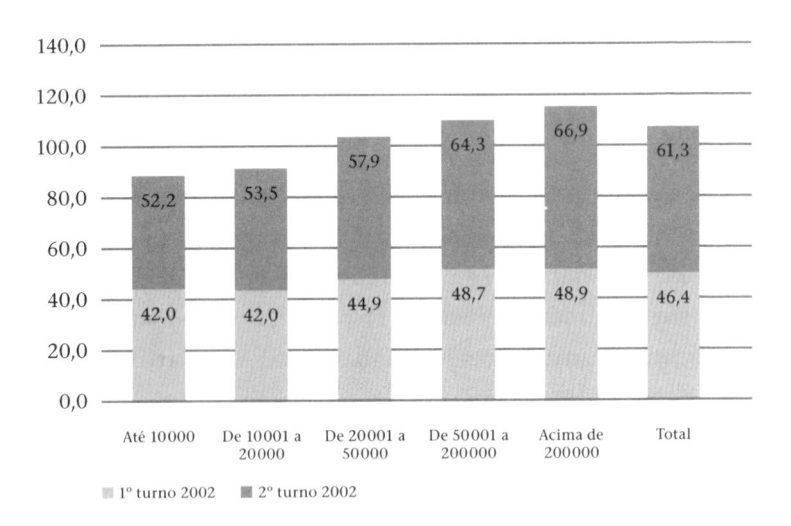

Faixa	1º turno 2002	2º turno 2002
Até 10000	42,0	52,2
De 10001 a 20000	42,0	53,5
De 20001 a 50000	44,9	57,9
De 50001 a 200000	48,7	64,3
Acima de 200000	48,9	66,9
Total	46,4	61,3

Fonte: Elaborado com base em Nicolau; Peixoto, 2007, p. 16.

Contudo, não basta considerar o tamanho dos municípios. Conforme notam os autores, é preciso levar em conta também suas diferenças estruturais, uma vez que diversos indicadores – Índice de Desenvolvimento Humano Municipal (IDHM), renda *per capita*, escolaridade, linha de pobreza, entre outros – revelam diferenças imensas entre eles. Nesse sentido, os autores também averiguaram se havia correlações entre o nível de desenvolvimento dos municípios e a votação em Lula. Para tanto, cruzaram dados do IDHM (renda) – que mede o Produto Interno Bruto (PIB) *per capita* dos municípios – com a votação em Lula para os dois turnos das eleições de 2002. Os resultados encontrados apontaram para uma distribuição dos votos relativamente homogênea entre os municípios e que "melhora levemente nos municípios mais prósperos" (Nicolau; Peixoto, 2007, p. 19).

Em suma, é possível assumir que a proporção de votos alcançada por Lula em 2002 e que permitiu a ele, finalmente, eleger-se presidente da República foi construída, gradativamente, ao longo de sua trajetória como candidato desde a redemocratização.

Como mostramos, Lula foi candidato em todas as eleições realizadas entre 1989 e 2002 e, mesmo sendo derrotado em três ocasiões, viu sua base eleitoral se expandir significativamente. Quanto à natureza de sua base social, que se reuniu em torno do principal candidato de esquerda do país, era oriunda, predominantemente, das camadas médias assalariadas, apresentava um nível relativamente alto de escolaridade e localizava-se, sobretudo, em cidades médias e grandes das regiões mais urbanizadas e industrializadas do país.

De acordo com o que foi exposto, é lícito indagarmos: A natureza dessa base eleitoral conquistada a duras penas por Lula e seu partido é a mesma que garantiu a reeleição do então presidente, em 2006, e a vitória de sua sucessora nos dois pleitos seguintes? Essa pergunta norteia o conteúdo enfocado nas duas seções seguintes.

(5.2)
ELEIÇÃO PRESIDENCIAL DE 2006: A BASE ELEITORAL DE LULA

Quando se analisam apenas os resultados da eleição presidencial de 2006, em geral, não se percebem grandes alterações em relação ao que havia ocorrido no pleito anterior. Pela primeira vez na história, Lula (e o PT) disputou uma eleição como candidato da situação. Em linhas gerais, o cenário foi bastante semelhante ao de 2002: Lula, que havia vencido José Serra, do PSDB, em 2002, dessa vez derrotou Geraldo Alckmin, do mesmo partido. Em números agregados, também não houve grandes diferenças: ao vencer Serra, em 2002, Lula obteve 52.793.364 votos, ou 61,27% dos votos válidos; em 2006, ao derrotar Alckmin, os números foram, respectivamente, 58.295.042 e 60,83% (Brasil, 2018c)[5].

Como é possível perceber, a votação de Lula nas duas eleições foi muito semelhante, o que poderia sugerir que o presidente foi conduzido a seu segundo mandato pelo mesmo eleitorado que o elegeu da primeira vez. Mas não foi o que aconteceu. Para entender as principais diferenças entre uma eleição e outra, é preciso considerar, pelo menos, duas ordens distintas de fatores: o contexto no qual ocorreram as disputas, isto é, a conjuntura política das eleições, e (novamente) a natureza da base social que reelegeu Lula. Como já tratamos da eleição presidencial de 2002 na seção anterior, vamos nos ater, agora, à eleição de 2006, examinando cada um desses aspectos separadamente.

5.2.1 CONTEXTO POLÍTICO DA DISPUTA ELEITORAL DE 2006

As dúvidas acerca de uma possível reeleição de Lula em 2006 começaram em 2004, quando surgiu uma série de denúncias de corrupção envolvendo o partido do presidente. Não é necessário tratar desse

---

5 *Informações obtidas na base de dados disponível na página* Repositório de dados eleitorais, *do site do Tribunal Superior Eleitoral (Brasil, 2018c). Disponível em: <https://www.tse.jus.br/eleitor-e-eleicoes/estatisticas/repositorio-de-dados-eleitorais-1/repositorio-de-dados-eleitorais>. Acesso em: 22 mar. 2018*

assunto agora; basta lembrar que os chamados *escândalos de corrupção*[6] envolvendo políticos da base aliada do governo passaram a ser, a partir de 2005, a principal opção no cardápio político dos meios de comunicação do país. Isso fez com que, durante muitos meses, a reeleição de Lula fosse, na melhor das hipóteses, incerta. De acordo com Coimbra (2007), no começo do último ano de seu primeiro mandato, em 2006, "Lula tinha passado de 'imbatível' (antes do 'mensalão'), a azarão (depois), alguém que ia perder, seja para quem fosse o adversário [sic]" (Coimbra, 2007, p. 5). Alguns meios de comunicação, como a revista *Veja*, davam o cenário como sendo irreversível: dez meses antes da eleição, uma reportagem da revista afirmava que "a disputa eleitoral de verdade se dará entre Serra e Alckmin" (Veja, 2005, citada por Singer, 2012, p. 84) – em uma menção à disputa entre os dois membros do PSDB para definir quem seria o candidato do partido a enfrentar Lula[7].

Não obstante, conforme demonstrado por Coimbra (2007), nas pesquisas realizadas entre fevereiro e março de 2006 – portanto, cerca de seis meses antes do primeiro turno da eleição –, Lula já havia recuperado seu favoritismo e não o perderia mais "até chegar à eleição e vencê-la" (Coimbra, 2007, p. 5).

A questão, a partir do fim da eleição presidencial de 2006, então, passou a ser explicar por que Lula havia vencido. Diversas respostas foram ensaiadas, das mais singelas às mais complicadas. Porém, é importante ressaltar que não há respostas simples para fenômenos complexos como os de ordem social e política. Como argumenta o próprio Coimbra (2007, p. 5), questões corriqueiras como *Por que*

---

6 Os principais *escândalos de corrupção* desse período foram o dos bingos, em 2004, e o dos Correios, em 2005 – este último evoluiu para o chamado mensalão *ainda naquele ano.*

7 *A frase citada foi publicada na edição 1936 da revista* Veja *(Carneiro, 2005, p. 56).*

Lula ganhou? sugerem "que há uma resposta igualmente simples, que identifique 'aquela' razão, que tudo explica. O problema é que ela não existe, por mais que isso frustre a muitos".

Tendo isso em mente, o que pretendemos é tão somente abordar alguns dos principais fatores elencados por Coimbra (2007) que, comprovadamente, influenciaram no resultado da eleição presidencial de 2006. O primeiro deles tem a ver com o que o autor chamou de *o tamanho do lulismo e a natureza do voto independente*. Esse fator está estreitamente relacionado ao porte da base eleitoral que Lula construiu desde 1989. Com o propósito de medir a envergadura dessa base, mediante uma série de pesquisas de opinião realizadas durante o ano de 2006, o autor dividiu o eleitorado brasileiro em três categorias: os **lulistas**, os **não lulistas** e os **independentes**. Para elaborar essa divisão, o autor utilizou o seguinte critério: foram classificados como *lulistas* aqueles que declararam ter votado em Lula pelo menos duas vezes desde 1989; como eleitores *independentes* (ou ocasionais) aqueles que tinham votado em Lula uma única vez nesse período; e, finalmente, como *não lulistas* (ou antilulistas) aqueles que declararam nunca ter votado em Lula – por via de regra, por rejeição explícita (Coimbra, 2007).

Ainda de acordo com o autor, seria possível sintetizar a história da eleição presidencial de 2006 com base nesses três grupos de eleitores. Dessa maneira, "Lula tem um terço do eleitorado (os 'lulistas tradicionais'), mas não ganha com ele; precisa do voto de outros, daqueles que não são 'contra' ele (os 'ocasionais' ou 'independentes'), pois pouco pode esperar dos 'antilulistas'" (Coimbra, 2007, p. 6). Assim, desse ponto de vista, o que definiria o resultado do pleito seria o posicionamento adotado pelos eleitores independentes. Em termos práticos, Lula venceu as eleições de 2002 com o voto desses eleitores e, para vencer novamente em 2006, precisaria manter esses votos (Coimbra, 2007).

Essa situação conduz ao segundo fator elencado pelo autor. O eleitorado independente poderia votar tanto em Lula quanto em seu adversário, conforme as circunstâncias. Isso significa que se tratava de um eleitorado que precisaria ser convencido para votar em Lula. Esse motivo, segundo Coimbra (2007), veio da economia. Em termos mais específicos, diversas sondagens de opinião captaram a expectativa predominantemente positiva quanto aos principais indicadores econômicos. Por exemplo, 47% dos entrevistados, em janeiro de 2006, acreditavam que a situação econômica geral do país melhoraria; 54% pensavam que a situação econômica de sua família melhoraria; e apenas 32% achavam que o desemprego aumentaria. Adicionalmente, 47% dos eleitores avaliavam o governo de forma positiva; 34%, de forma regular; e apenas 18%, de forma negativa[8] (Coimbra, 2007).

Finalmente, o terceiro fator de influência elencado por Coimbra (2007) foi o bom trabalho de campanha, a começar pela disposição de arregaçar as mangas e ir à luta, mesmo no auge do desgaste provocado pela crise política do mensalão. Mais especificamente, "A disposição para fazer campanha de rua, o entusiasmo com que Lula se dedicou ao esforço de viagens, comícios, carreatas, palanques, serviram de reaproximação com o eleitorado e mostraram que ele estava disposto a abandonar qualquer postura 'olímpica' na disputa" (Coimbra, 2007,

---

8   Como lembra Coimbra (2007), Fernando Henrique Cardoso fora reeleito em 1998 com indicadores bem menos favoráveis. Os números para o período de FHC, de acordo com um levantamento realizado em janeiro de 1998, eram os seguintes: 37% dos entrevistados acreditavam que a situação econômica geral dos país melhoraria; 45% acreditavam na melhora da situação econômica da própria família; e 56% pensava que o desemprego aumentaria. Além disso, a avaliação positiva do governo era de 23%; a regular, de 43%; e a negativa, de 33% (Coimbra, 2007).

p. 11-12). Além disso, durante os meses que antecederam a eleição, tudo o que se espera de uma boa campanha de reeleição continuou a ser feito – como "a volta do governo aos meios de comunicação, em grandes e acertadas campanhas publicitárias e uma agenda febril de atos administrativos, especialmente inaugurações" (Coimbra, 2007, p. 11).

Com base nessa perspectiva, portanto, é possível afirmar que o eleitorado que reelegeu Lula não o fez por ignorância ou menosprezo às denúncias de corrupção que envolveram o partido do presidente – e que foram alardeadas, histericamente, por grande parte da imprensa. Feitas as contas, a grande maioria dos eleitores (tanto os lulistas quanto os independentes) efetuou "uma ponderação de acertos e erros, chegando à conclusão que os primeiros superaram os segundos, especialmente porque sabia, por experiência ou intuição, que os pecados do 'mensalão' tendem mais à regra que à exceção" (Coimbra, 2007, p. 13).

Postos esses elementos contextuais e conjunturais, passemos a considerar a natureza da base eleitoral que reelegeu Lula em 2006.

5.2.2 NATUREZA SOCIAL E GEOGRÁFICA DA BASE ELEITORAL QUE REELEGEU LULA EM 2006

As conjecturas acerca das diferenças nos padrões de votação dos diferentes grupos sociais na eleição presidencial de 2006 começaram ainda durante o período de campanha eleitoral para o pleito. Os resultados do primeiro turno da eleição reforçaram a impressão de que teria ocorrido uma polarização de classe no eleitorado, com as camadas mais baixas e menos escolarizadas votando em Lula e os setores de maior renda e escolaridade escolhendo Alckmin.

Nesse sentido, poucos dias após a realização do primeiro turno, Paul Singer (2006) argumentou que, embora as políticas sociais e redistributivas do primeiro governo Lula tivessem sido bastante exitosas, a sociedade brasileira seguia profundamente dividida entre ricos e remediados, de um lado, e pobres e miseráveis, de outro. A singularidade daquele pleito, segundo o autor, estaria em "uma polarização política e social" (Singer, 2006) incomum entre os eleitores, conforme já mostravam os primeiros resultados eleitorais: a votação nos candidatos do PT a outros cargos[9] aumentava entre os setores pobres e miseráveis e diminuía entre os setores médios e altos (Singer, 2006).

De fato, diversos estudos realizados com base nos resultados da eleição presidencial de 2006 confirmaram uma alteração na base social que reelegeu Lula. Os estudos de geografia eleitoral, por exemplo, revelaram que, comparativamente à eleição presidencial de 2002, a votação do presidente apresentou mudanças significativas. Como indica o Gráfico 5.3, a votação por tamanho de município se inverteu de um pleito para o outro. Em 2002, como já havíamos mencionado na seção anterior, a votação em Lula crescia conforme aumentava o tamanho do município – sendo mais expressiva nos municípios com mais de 50 mil habitantes. Em 2006, por seu turno, ocorreu o inverso: a votação diminuía conforme aumentava o tamanho do município. Dessa forma, o número de votos em Lula passou a ser mais expressivo nos municípios menores, com menos de 50 mil habitantes (Nicolau; Peixoto, 2007).

---

9 Embora estejamos tratando especificamente da disputa presidencial de 2006, as eleições de 2006, assim como ocorre de 4 em 4 anos, envolveram a escolha de representantes de outros cargos: governadores estaduais, deputados estaduais e federais e senadores.

Gráfico 5.3 – Votação em Lula por faixas de municípios (% de votos válidos)

Faixa	1º turno 2002	2º turno 2002	1º turno 2006	2º turno 2006
Até 10000	42,0	52,2	51,6	61,6
De 10001 a 20000	42,0	53,5	54,3	64,2
De 20001 a 50000	44,9	57,9	51,7	62,2
De 50001 a 200000	48,7	64,3	47,1	59,6
Acima de 200000	48,9	66,9	45,3	59,5
Total	46,4	61,3	48,6	60,8

Fonte: Elaborado com base em Nicolau; Peixoto, 2007, p. 16.

Os autores também exploraram eventuais relações entre o nível de desenvolvimento dos municípios e a votação, com o intuito de verificar se houve algum tipo de associação entre o percentual de votos atribuídos a Lula e a situação econômica das cidades. No que se refere à eleição presidencial de 2002, afirmamos, na seção anterior, que a distribuição dos votos em Lula foi relativamente homogênea e crescia levemente nos municípios mais desenvolvidos, isto é, com maior IDHM. No que tange à eleição de 2006, não apenas a associação entre as variáveis foi mais significativa como também a situação se inverteu – em 2006, a votação em Lula foi mais expressiva nos municípios mais pobres e diminuiu nos mais ricos (Nicolau; Peixoto, 2007, p. 18-19).

Por fim, os autores procuraram testar a hipótese de que o desempenho de Lula estaria relacionado às melhorias nas condições de vida das camadas mais pobres da sociedade – por meio da utilização de políticas sociais e de redistribuição de renda, sobretudo do Programa Bolsa Família (PBF). Para tanto, inicialmente, os pesquisadores cruzaram os dados do gasto *per capita* do PBF com o IDHM dos municípios – encontrando uma forte associação negativa entre essas variáveis. Isso significa que, de fato, são os municípios mais pobres que concentram o maior volume de transferência de recursos do programa (Nicolau; Peixoto, 2007).

Em outros termos, os resultados encontrados pelos autores comprovam que o PBF faz exatamente aquilo que se espera de um programa de redistribuição de renda: transfere receita, primordialmente, para os setores mais desfavorecidos da sociedade.

Em seguida, os autores também cruzaram os dados de gasto *per capita* do PBF com o percentual de votação recebido por Lula nos dois turnos da eleição de 2006. Em ambos os casos, os resultados "indicam que Lula obteve percentualmente mais votos nos municípios que receberam mais recursos per capita do Bolsa Família"[10] (Nicolau; Peixoto, 2007, p. 21).

Em linhas gerais, portanto, a pesquisa dos autores confirmou a mudança de perfil social dos eleitores de Lula, ao se compararem as eleições presidenciais de 2002 e de 2006. Assim, enquanto na primeira o desempenho eleitoral de Lula aumentava em municípios não apenas mais populosos mas também mais urbanizados e mais industrializados (situados, em geral, nas regiões Sul e Sudeste), na segunda ocorreu o inverso: seu desempenho eleitoral diminuiu nesses municípios e melhorou nos menores e mais pobres (localizados, por via de regra, nos estados das regiões Norte e Nordeste).

---

10 Como adverte Coimbra (2007, p. 7), "A importância do Bolsa Família não deve ser subestimada e nem exagerada. Ele foi decisivo para confirmar, para esses eleitores, que Lula, na presidência, 'cumpriu sua promessa' de privilegiar os mais pobres, mas, sozinho, não bastaria para explicar o resultado da eleição".

Wellington Nunes

Com base no que foi exposto, podemos nos questionar acerca do significado desses resultados nos seguintes termos: Que implicações teóricas poderiam ter as alterações nas votações obtidas por Lula em 2002 e 2006? Esse é o tema da seção seguinte.

(5.3) COMO EXPLICAR A EMERGÊNCIA DO LULISMO?

Na atividade científica em geral, **constatações** e **explicações** são eventos de naturezas bastante distintas. Em termos metodológicos, é possível afirmar, *grosso modo*, que as primeiras estão ligadas à **empiria** e as segundas, à **teoria**. Nesse sentido, constatar a existência de características, padrões ou regularidades em determinado fenômeno depende da observação empírica de tal fenômeno, ou seja, da utilização dos instrumentos e das técnicas de pesquisa disponíveis para observar a realidade concreta com o propósito de descrevê-la. Explicar o que foi observado e descrito, por sua vez, depende das escolhas teóricas do pesquisador. Em outros termos, ao se deparar com um conjunto de características ou atributos que podem ser, concretamente, observados em determinado fenômeno, o pesquisador deverá optar – entre as alternativas disponíveis – por aquelas que julgar mais adequadas ou mais rentáveis[11].

Tendo em vista o contexto aqui examinado, não é difícil imaginar que, após as alterações constatadas no comportamento do eleitorado brasileiro na eleição presidencial de 2006, sintetizadas na seção anterior, diversos pesquisadores passaram a buscar explicações para o

---

11 De acordo com Renato Perissinotto (2013), pesquisadores devem ter relações utilitárias com as ferramentas teóricas e metodológicas de pesquisa, isto é, escolher aquelas que forem mais rentáveis do ponto de vista analítico.

que ocorreu. Também não é difícil imaginar que essas explicações tenderam a assumir as mais variadas formas, dependendo das opções teóricas de seus autores. Não é necessário fazer um inventário de todas elas, pois isso demandaria muitas páginas de texto – além de ser de utilidade, no mínimo, duvidosa. Para nossos objetivos, basta sintetizar as explicações que têm sido entendidas como as mais relevantes acerca do fenômeno analisado. Isso pode ser feito considerando-se três tipos de abordagens.

Na primeira delas, interpreta-se que a ascensão do lulismo[12], isto é, a base eleitoral que reelegeu Lula, indicaria um processo de despolarização da política brasileira; já na segunda, pressupõe-se que esse fenômeno representaria a despolitização do eleitorado; e, por fim, em uma terceira maneira de tratar o assunto, argumenta-se que o lulismo consistiria em um realinhamento ideológico dos eleitores. A seguir, vamos analisar cada uma dessas abordagens separadamente.

5.3.1 O LULISMO COMO INDICADOR DA DESPOLARIZAÇÃO E DA DESPOLITIZAÇÃO DO ELEITORADO

Como mencionamos na seção anterior, diversos analistas começaram a especular, com base nos resultados de diversas sondagens eleitorais, que a reeleição de Lula em 2006, caso ocorresse, seria definida pelos votos das camadas mais pobres da população. Também mostramos que, de fato, houve uma mudança significativa no perfil social e geográfico do eleitorado que votou no candidato do PT: ao contrário

---

12 O termo lulismo *passou a ser utilizado correntemente a partir de 2006, para diferenciar a base eleitoral de Lula daquela do PT. No meio acadêmico, como mostraremos, o desenvolvimento e a sistematização desse conceito foram realizados por André Singer (2009, 2012). Para uma posição divergente, sugerimos a leitura do artigo de David Samuels e Cesar Zucco Jr. (2014).*

do que havia acontecido em 2002, a votação em Lula nas eleições de 2006 foi mais expressiva entre os eleitores de renda mais baixa, que, por sua vez, estão situados, predominantemente, nas regiões Norte e Nordeste do país.

No primeiro tipo de abordagem que consideraremos aqui, defende-se que as transformações ocorridas no interior do eleitorado indicam que não há polarização social (ou de classe) entre os eleitores. Assim, conforme a perspectiva da **despolarização**, há diversas interpretações para explicar a vitória de Lula, mas seus autores convergem em um ponto: seria um grande equívoco atribuir a reeleição de Lula em 2006 a um processo de polarização social da política brasileira.

Francisco de Oliveira (2010), por exemplo, recusa veementemente a hipótese de que os eleitores tenham se divido entre ricos e pobres no pleito de 2006 e dá duas razões para isso. Em primeiro lugar, o autor não acha plausível que apenas as camadas mais abastadas da sociedade tenham votado no candidato do PSDB – Geraldo Alckmin teve 41,64% e 39,17% dos votos no primeiro e no segundo turnos, respectivamente. Em segundo lugar, o pleito de 2006 teria apresentado a maior taxa de indiferença eleitoral da história recente das eleições brasileiras: 31% (soma das abstenções e dos votos nulos e em branco). Essa indiferença significaria "que a política não passa pelo conflito de classes" (Oliveira, 2010, p. 23).

A ideia da despolarização de classes no interior da política brasileira também está presente em artigo de Brasilio Sallum Júnior e Jefferson Goulart (2016). Embora a preocupação dos autores seja mais ambiciosa – analisar a forma de Estado vigente no Brasil no período entre 1995 e 2010 –, o argumento construído ao longo do texto também reafirma a ausência de polarização classista na política brasileira. Assim, ainda que os governos de Lula tenham apresentado diferenças relevantes, quando comparados com os governos de FHC, isso teria ocorrido dentro dos limites de hegemonia do ideário liberal que caracterizou o período. Em termos mais específicos, apesar da inflexão desenvolvimentista e dos impulsos distributivistas, mediante um pacto liberal-desenvolvimentista, os governos de Lula teriam aprofundado o modelo de Estado vigente (Sallum Júnior; Goulart, 2016). De acordo com essa perspectiva, portanto, não haveria razão para a polarização entre eleitores ricos e pobres, já que o modelo de Estado vigente tem sido o mesmo de 1995.

No segundo tipo de abordagem, a **despolitização**, argumenta-se que a emergência do lulismo teria intensificado a despolarização social da política brasileira. Em linhas gerais, ao mediar os confrontos entre os diversos grupos sociais – combatendo a pobreza com políticas distributivas e estimulando o desenvolvimento de amplos setores empresariais, como o financeiro, o do agronegócio e de parte importante da indústria nacional –, o programa de governo de Lula teria contribuído para diminuir a polarização entre as classes e, consequentemente, entre seus representantes na política, os partidos políticos. Assim, não haveria espaço para se falar em representantes diferentes para as camadas mais abastadas, de um lado, e para as mais pobres, de outro.

Para Luiz Werneck Vianna (2007), os governos de Lula teriam adquirido caráter pluriclassista em função da construção de um "Estado de compromisso" capaz de abrigar forças sociais contraditórias. Desse modo, "Capitalistas do agronegócio, MST[13], empresários e sindicalistas, portadores de concepções e interesses opostos em disputas abertas na sociedade civil, encontram no Estado, onde todos se fazem representar, um outro lugar para a expressão do seu dissídio" (Vianna, 2007).

---

13 Movimento dos Trabalhadores Rurais Sem Terra (MST).

Para Marcos Nobre (2013), por sua vez, a espécie de anulação da política durante os governos de Lula teria ocorrido, sobretudo, a partir de 2005, quando, em razão da crise política desencadeada pelo mensalão, o governo se viu obrigado a aliar-se ao PMDB para garantir uma supermaioria no Congresso Nacional. Ao fazê-lo, segue o autor, o governo e o peemedebismo teriam se emaranhado – em uma lógica que envolveria tomar parte de grandes coalizões para ter poder de veto e que caracterizaria a política brasileira desde a redemocratização. A lógica do peemedebismo, por sua vez, seria ampliar ao máximo o centro político, por meio da adesão do maior número de políticos e partidos, e diminuir a polarização – a fim de poder controlar o ritmo das mudanças (Nobre, 2013).

5.3.2 O LULISMO COMO INDICADOR DE POLARIZAÇÃO E POLITIZAÇÃO DO ELEITORADO

Finalmente, para um terceiro tipo de abordagem, a do **realinhamento ideológico dos eleitores**, as transformações ocorridas na base social que reelegeu Lula em 2006 não seriam indicadores de processos de despolarização ou de despolitização do processo eleitoral. Conforme essa perspectiva, ao revés, as transformações ocorridas, ao dividirem o eleitorado entre ricos e pobres, teriam desencadeado uma polarização social e uma politização até então inexistentes no contexto das eleições presidenciais.

Fábio Wanderley Reis (2010), por exemplo, argumenta que o lulismo, ao combinar uma dimensão popular simbólica e uma dimensão redistributiva de renda, teria resultado em uma polarização inédita, até então, nas eleições presidenciais brasileiras: a forte associação entre posição socioeconômica e voto nas eleições de 2006, que acabou concentrando em polos opostos a disputa entre o candidato das camadas mais abastadas (Geraldo Alckmin) e o das camadas mais pobres (Lula). Essa polarização, no entanto, ainda de acordo com o autor, não corresponderia a uma clivagem ideológica consistente entre direita e esquerda, tal como ocorrera com diversos partidos de massa em democracias europeias, mas a uma "percepção desinformada e difusa dos interesses em jogo" na arena política (Reis, 2010, p. 70).

André Singer (2009, 2012), por sua vez, que vem pesquisando o comportamento dos eleitores desde a redemocratização e que se dedicou ao estudo sistemático do que ele vem chamando de *lulismo*, concorda com Reis (2010) no que se refere à polarização do eleitorado brasileiro a partir das eleições de 2006. Porém, diferentemente de Reis, Singer defende que essa polarização tem, sim, um componente ideológico importante: a diferença é que a polarização clássica entre direita e esquerda teria sido substituída, no caso do eleitorado brasileiro recente, por outra, entre ricos e pobres – fenômeno batizado por ele de *realinhamento ideológico* (Singer, 2009, 2012). Vejamos de que forma isso ocorreu.

Ao estudar o comportamento dos eleitores nas eleições de 1989, Singer encontrou dois dados, digamos, contraintuitivos, em termos de polarização ideológica.

O primeiro deles foi que as camadas de baixíssima renda do eleitorado brasileiro – aquelas com renda familiar inferior a dois salários mínimos – tinham uma posição mais conservadora, em alguns aspectos, do que os setores de renda mais alta – algo que o autor chamou de "conservadorismo popular" (Singer, 2009, p. 89). Um exemplo desse comportamento é a posição desse eleitorado em relação ao direito constitucional de fazer greves. A Tabela 5.4 mostra a concordância ou a discordância do eleitorado, por faixa de renda, quanto à utilização de tropas para dispersar movimentos grevistas;

como é possível notar, a anuência com esse tipo de medida é muito mais expressiva entre os setores de menor renda. Como sintetizou Singer (2009, p. 87, grifo do original), "**os mais pobres eram mais hostis às greves do que os mais ricos**".

Tabela 5.4 – Concordância/discordância quanto ao uso de tropas contra greves por renda familiar mensal – 1990

	Até 2 SM	+ de 2 a 5 SM	+ de 5 a 10 SM	+ de 10 SM	+ de 20 SM	Total
Concorda	41,6%	24,3%	15,7%	15,7%	8,6%	25,7%
Discorda	49,2%	63,9%	72,1%	70,1%	73,6%	62,5%
Depende	4,4%	8,1%	9,7%	13,4%	13,4%	8,4%
Não sabe	4,8%	3,7%	2,5%	0,7%	4,3%	3,5%
Total	100%	100%	100%	100%	100%	100%

Fonte: Singer, 2009, p. 88.

O segundo dado contraintuitivo encontrado por Singer (2009) é que o eleitorado de baixíssima renda, mesmo estando posicionado mais à direita no espectro ideológico, era a favor da intervenção do Estado na economia: 68,1% daqueles que se diziam de direita também afirmavam que eram a favor da intervenção estatal no sistema financeiro nacional. Uma das conclusões do autor nesse caso foi que "os eleitores mais pobres buscariam uma redução da desigualdade, da qual teriam consciência, por meio de uma intervenção direta do Estado, **evitando movimentos sociais que pudessem desestabilizar a ordem**" (Singer, 2009, p. 87, grifo do original).

Portanto, segue o autor, a discordância desse eleitorado em relação à esquerda não se aplicava ao fato de ser a favor ou contra o combate à pobreza e à desigualdade, como seria de se esperar em uma polarização clássica entre direita e esquerda, mas à forma de se fazer isso.

Dessa maneira, ao ser identificada "como **opção que colocava a ordem em risco**, a esquerda era preterida em favor de uma solução pelo alto, de uma **autoridade** já constituída que pudesse proteger os mais pobres sem ameaça de instabilidade" (Singer, 2009, p. 88, grifo do original). Na prática, essa posição conservadora da classe mais pobre (o conservadorismo popular) se constituía em uma séria desvantagem para a candidatura de Lula – já que esse eleitorado aderiria intuitivamente aos concorrentes situados à direita dele no espectro ideológico (Singer, 2009).

Ainda de acordo com Singer, essa situação teria ocorrido nas eleições de 1989, 1994, 1998 e 2002. Sobre a última, observa o autor:

Mesmo em 2002, depois de unir-se a um partido de centro-direita, anunciar um candidato a vice de extração empresarial, assinar uma carta-compromisso com garantias ao capital e declarar-se o candidato da paz e do amor, Lula tinha menos intenção de voto entre os eleitores de renda mais baixa do que entre os de renda superior. (Singer, 2009, p. 90)

Essas informações são corroboradas, conforme mencionamos anteriormente, por Hunter e Power (2007). Os autores, depois de examinarem a base eleitoral de Lula nos quatro pleitos referidos anteriormente, concluíram que ela se localizava, predominantemente, entre os setores com níveis mais altos de educação e nos estados mais urbanizados e industrializados das regiões Sul e Sudeste – algo que só mudaria em 2006.

Foi justamente para explicar essa mudança na composição social da base eleitoral que reelegeu Lula em 2006 que André Singer (2012) recorreu à tese de que teria ocorrido um realinhamento ideológico no interior do eleitorado brasileiro. Esse movimento, por sua vez, seria duplo. De um lado, ao perceber que Lula não apenas tinha cumprido sua promessa de governar sobretudo para os mais pobres, mas também havia passado longe de qualquer radicalismo político que pudesse subverter a ordem, o eleitorado de baixíssima renda (o subproletariado) apegou-se maciçamente à candidatura de reeleição. É importante ressaltar que essa camada de eleitores aderiu a Lula (daí a origem do termo *lulismo*), e não necessariamente à esquerda em geral ou ao PT em específico. De outro lado, ocorreu o crescimento do antilulismo, que se concentrou sobretudo no PSDB e afastou parte importante da classe média de Lula e do PT – principalmente a partir da crise do mensalão (Singer, 2012).

Esse duplo deslocamento do eleitorado brasileiro em 2006 também foi percebido por Coimbra (2007, p. 7), que o chamou de "jogo de compensações". De um lado, Lula teria perdido "votos entre alguns de seus eleitores 'tradicionais', 'decepcionados' com os 'escândalos'. De outro, porém, teria compensado as perdas com votos de 'não eleitores', pessoas que nunca haviam votado nele antes" (Coimbra, 2007, p. 7).

O movimento do eleitorado mais pobre em direção a Lula também é compatível com a expressiva votação obtida por ele nas regiões Norte e Nordeste. Sendo elas as regiões mais pobres do país, seria natural que houvesse um deslocamento geográfico de sua base eleitoral, como de fato ocorreu: a proporção de votos nas regiões mais prósperas – cuja concentração é muito maior no Sul e no Sudeste do país – diminuiu em favor de uma votação mais expressiva nas regiões mais empobrecidas – Norte e Nordeste.

Como é possível perceber, nessa abordagem, as mudanças constatadas no eleitorado brasileiro, a partir do pleito de 2006, não indicam um movimento de despolitização ou de despolarização no contexto das eleições presidenciais recentes – conforme apontam as duas abordagens anteriores. Embora não se possa falar em uma clivagem consistente entre direita e esquerda no interior do eleitorado nacional

(Reis, 2010), uma polarização entre ricos e pobres tem sido bastante evidente (Singer, 2009, 2012).

Além disso, como sugere André Singer (2012), o deslocamento do eleitorado, iniciado em 2006, pode ser o início de uma fase prolongada. Com efeito, caso os indivíduos das camadas de baixa e de baixíssima renda, de fato, reúnam-se de maneira mais duradoura em torno de uma agenda determinada, a clivagem entre as votações de eleitores ricos e pobres pode durar décadas (Singer, 2012, p. 9-10).

O conteúdo da agenda em torno da qual o eleitorado de baixa renda pode se reunir de maneira estável e continuada é, em linhas gerais, a redução da pobreza (Singer, 2009, 2012). Caso essa hipótese se confirme, no entanto, não significa que as camadas mais desfavorecidas da sociedade votarão, necessariamente, em partidos de esquerda, mas que escolherão os candidatos que se comprometerem com a causa que eles defendem, isto é, que assumirem um compromisso com o combate à pobreza e com a redução das desigualdades – como fez Lula enquanto esteve na presidência da República.

Por fim, ressaltamos que as eleições de 2010 e de 2014 confirmaram a divisão entre pobres e ricos no interior do eleitorado brasileiro[14]. Aguardemos as próximas.

Síntese

Neste capítulo, destacamos que, diferentemente do que ocorre em diversas democracias mundo afora e daquilo que poderíamos

---

14 Não é o caso de discutirmos esse assunto nesta obra, mas os resultados das votações dos dois últimos pleitos foram muito semelhantes quanto à distribuição de votos, ou seja, a votação em Dilma Rousseff, nas eleições de 2010 e 2014, também foi mais expressiva entre os eleitores mais pobres. Sobre isso, sugerimos, entre outros: Amaral (2015); Nicolau (2015).

eventualmente esperar, as camadas mais pobres do eleitorado brasileiro tendem a votar historicamente em candidatos e em partidos localizados mais à direita do espectro ideológico. Esse fato ocorreu em todas as eleições presidenciais do período de 1989 a 2002.

Também mostramos que, a partir de 2006, esse comportamento se alterou: os eleitores das camadas mais pobres ajudaram não apenas a reeleger Lula, mas também a eleger e a reeleger sua sucessora, Dilma Rousseff.

Nesse contexto, procuramos responder à dúvida: O que provocou essa mudança de comportamento? Demonstramos que a interpretação mais aceita é aquela que defende que a emergência do lulismo teria provocado um realinhamento ideológico no interior do eleitorado brasileiro, dividindo-o entre ricos e pobres (Singer, 2009, 2012).

Questões para revisão

1. Descreva o comportamento histórico das camadas mais pobres do eleitorado brasileiro antes das eleições de 2006.

2. Discorra sobre o perfil social e geográfico predominante da base eleitoral de Lula até a eleição presidencial de 2002.

3. Assinale a alternativa correta em relação ao perfil social e geográfico predominante da base eleitoral de Lula nas eleições de 2006:
   a) Eleitores de baixa renda e moradores do Nordeste.
   b) Eleitores de alta renda e moradores das regiões Norte e Nordeste.
   c) Eleitores de média renda e moradores dos municípios mais populosos e mais urbanizados do Brasil.

d) Eleitores de baixa renda e moradores dos municípios menos populosos e menos urbanizados do Brasil.
e) Eleitores de alta renda e moradores de pequenos municípios do Nordeste.

4. Assinale a alternativa correta em relação ao comportamento das camadas mais pobres do eleitorado brasileiro nas eleições de 2006:
   a) Mesmo votando historicamente em candidatos de direita, esses eleitores ajudaram a reeleger Lula.
   b) Esses eleitores sempre votaram em candidatos de esquerda.
   c) Esses eleitores votaram em Lula acreditando que ele fosse um candidato de direita.
   d) Esses eleitores não votaram em Lula.
   e) Esses eleitores votaram na direita.

5. Leia atentamente as assertivas a seguir, relacionadas ao realinhamento ideológico defendido por André Singer (2009, 2012), e classifique-as como verdadeiras (V) ou falsas (F):
   ( ) O realinhamento ideológico dividiu o eleitorado brasileiro entre direita e esquerda.
   ( ) O realinhamento ideológico dividiu o eleitorado brasileiro entre ricos e pobres.
   ( ) O realinhamento ideológico dividiu o eleitorado brasileiro entre beneficiários e não beneficiários do Programa Bolsa Família (PBF).
   ( ) O realinhamento ideológico não dividiu o eleitorado brasileiro.

   Agora, assinale a alternativa que apresenta a sequência correta:

a) F, V, V, V.
b) F, F, F, F.
c) F, V, F, V.
d) V, V, F, F.
e) F, V, F, F.

Questões para reflexão

1. Reflita sobre a legitimidade de um eleitor comum votar em um candidato que tende a representar os interesses dele (eleitor).

2. Pondere sobre qual é o papel da esfera política como arena legítima para a representação de interesses sociais.

Para saber mais

AMARAL, O. E. do; RIBEIRO, P. F. Por que Dilma de novo? Uma análise exploratória do estudo eleitoral brasileiro de 2014. **Revista de Sociologia e Política**, Curitiba, v. 23, n. 56, p. 107-123, dez. 2015. Disponível em: <http://www.scielo.br/pdf/rsocp/v23n56/0104-4478-rsocp-23-56-0107.pdf>. Acesso em: 23 mar. 2018.

CAVALCANTE, P. Vale a pena ser um bom prefeito? Comportamento eleitoral e reeleição no Brasil. **Opinião Pública**, Campinas, v. 21, n. 1, p. 87-104, abr. 2015. Disponível em: <http://www.scielo.br/pdf/op/v21n1/0104-6276-op-21-01-00087.pdf>. Acesso em: 23 mar. 2018

SILVA, G. P. da. É possível usar escândalos de corrupção politicamente? **O Barômetro**, 19 dez. 2011. Disponível em: <https://obarometro.wordpress.com/2011/12/19/e-possivel-usar-escandalos-de-corrupcao-politicamente/>. Acesso em: 23 mar. 2018.

Os três textos indicados apresentam estudos sobre o comportamento recente do eleitorado brasileiro.

Capítulo 6
Poder central e poder regional na política brasileira

CONTEÚDOS DO CAPÍTULO:

- O debate sobre a centralização do poder político-administrativo no processo de construção do Estado nacional.
- As origens do federalismo brasileiro.
- As relações intergovernamentais no atual regime democrático.

APÓS O ESTUDO DESTE CAPÍTULO, VOCÊ SERÁ CAPAZ DE:

1. reconhecer o debate clássico em torno da centralização do poder político-administrativo na historiografia política brasileira;
2. identificar o contexto de surgimento do federalismo brasileiro;
3. compreender o complexo padrão das relações entre o governo central e os governos subnacionais no atual regime democrático.

Até este ponto, examinamos algumas das perspectivas mais recentes de análise acerca da política brasileira. Tratamos, inicialmente, de uma visão institucionalista – em sua vertente racional –, que leva em conta principalmente (quando não exclusivamente) a influência de fatores institucionais (sistema de governo, sistema partidário, regras eleitorais, regimentos internos etc.) no comportamento de indivíduos racionais inseridos nesses contextos. Discutimos, em seguida, a política brasileira com base na compreensão dos estudos dedicados a análises de minorias organizadas (as elites) – nessa abordagem, embora o contexto institucional seja importante, busca-se investigar a origem social (estrato social, nível de renda, tipo de carreira etc.) dos indivíduos que criam e integram as instituições.

Neste capítulo, que encerra o livro, enfocaremos algumas das interpretações mais antigas da política brasileira – ainda que, em alguns casos, a tradição apresente ares de inovação. Trata-se, na verdade, de observar a política tomando-se como ponto de partida um problema sociológico clássico: as relações entre Estado e sociedade.

Chamamos a atenção para o fato de que a proposta analítica a ser adotada é de outra natureza, ou seja, não procuraremos, por exemplo, averiguar a influência de um conjunto específico de regras (como o do sistema partidário) no comportamento de um grupo determinado de atores (como o dos candidatos a deputado federal em uma eleição específica). Também não descreveremos o perfil social ou o tipo de carreira dos ministros de Estado no Brasil pós-redemocratização.

No texto que segue, trataremos de um objetivo mais amplo e ambicioso: esclarecer as diferentes formas que as relações entre Estado e sociedade podem assumir. É importante ter mente que o padrão adotado por essas relações pode variar – dependendo, por exemplo, do contexto social e do momento histórico em questão –, sendo que cada um dos lados dessa equação pode apresentar maior ou menor relevância. Captar e compreender as variações nas formas assumidas por essas relações passa, por sua vez, por reconhecer a natureza contextual e histórica do fenômeno, bem como por identificar a relação de interdependência existente entre essas duas esferas – a política e a social.

Esse não é, no entanto, o cenário que o debate adquiriu para parte importante da historiografia política brasileira. Nesse caso, há, em uma parcela considerável da literatura especializada, uma perspectiva bipolar ou dicotômica de análise que defende com unhas e dentes o domínio quase absoluto de um dos extremos sobre o outro: o poder regional *versus* o poder central. Isso significa que se trata de uma disputa ferrenha entre duas perspectivas analíticas tão influentes quanto conflitantes.

A primeira dessas perspectivas localiza o *polo dominante* – expressão de Boris Fausto (2009, p. 37) – na **sociedade**, ou melhor, em uma parte dela: nesse cenário, o Brasil seria dominado, desde os tempos coloniais, pelos grandes proprietários de terra, que seriam os atores responsáveis por governar, legislar, guerrear etc. A segunda perspectiva, por sua vez, posiciona o polo dominante no **Estado**: nesse caso, o país seria dominado, também desde a Colônia, por um Estado patrimonialista herdado de Portugal, cujo poder centralizado alcançaria até mesmo as regiões geograficamente mais distantes (Fausto, 2009).

O objetivo deste capítulo não é inventariar essas duas interpretações clássicas. A descrição dos contornos gerais de ambas, realizada nos parágrafos subsequentes, serve apenas como contextualização histórica das teses que abordaremos nas seções seguintes.

A primeira perspectiva foi chamada de *feudalista* por José Murilo de Carvalho (1997) justamente porque, nesse tipo de interpretação, os grandes proprietários de terra são retratados com tamanho poder que se assemelham aos senhores feudais dos livros de história da Idade Média. O argumento fundamental nesse caso é, em linhas gerais, aquele defendido por Maria Isaura Pereira de Queiroz (1957): o predomínio do poder local (ou mandonismo local) na vida política nacional desde a Colônia, passando pelo Império e chegando ao fim da Primeira República. Dessa forma, conforme o entendimento de Nestor Duarte (1939), outro distinto representante dessa perspectiva analítica, fatos históricos como a Independência ou a construção do Império, por exemplo, não teriam relevância, já que "o poder político se encerra nas mãos dos que detêm o poder econômico" (Duarte, 1939, p. 181).

No outro extremo, por sua vez, estão as interpretações que Carvalho (1997) chamou de *patrimonialistas*. O cerne da questão para essa vertente é que, por razões históricas, o Estado que prevaleceu no Brasil, como destaca Sérgio Buarque de Holanda (2001), não teria sido o burocrático, no qual vigoram critérios como especialização e códigos impessoais, mas o patrimonialista, no qual predominam a confiança pessoal e os interesses individuais e familiares. Desse modo, como argumenta Raymundo Faoro (2001, p. 60), autor da interpretação mais completa dessa tese, em virtude do "Estado patrimonial de estamento", nem mesmo classes sociais historicamente poderosas, como os proprietários rurais e o clero, disporiam de margem de manobra para contrastá-lo: "ao primeiro arreganho de independência, sofrem, no peito, o rude golpe do soberano e sua comunidade de governo" (Faoro, 2001, p. 60).

Conforme mencionamos anteriormente – e como é possível perceber pelo que foi exposto –, o problema das relações entre Estado e sociedade no interior da historiografia brasileira adquire contornos dramáticos, uma vez que há, pelo menos, dois tipos de problemas que surgem por causa da percepção bipolar ou dicotômica da história observada: um de ordem geral e outro de ordem específica. Em termos gerais, há uma tendência à simplificação exagerada ou ao reducionismo da realidade. Dessa forma, ao decidir-se por um dos lados, o analista começa a recolher apenas as evidências históricas que confirmam seu ponto de vista, ignorando aquelas que o contradizem. Como explica Carvalho (1997), tendo se definido por um dos lados previamente, o objetivo do analista passa a ser a mera atualização do debate clássico.

Quanto aos problemas de ordem específica, os dois principais são observados por Fausto (2009): i) identificar um polo dominante (seja na sociedade, seja no Estado) ao longo de toda a historiografia política brasileira consiste em impor um mesmo modelo analítico a espaços e momentos históricos distintos; ii) separar radicalmente Estado (poder central) e sociedade (poder local) exclui as possibilidades de entrelaçamento entre os dois níveis.

Com esses problemas em mente, ao analisarmos as relações entre Estado e sociedade na historiografia política brasileira, parece-nos mais sensato considerar não apenas os dois lados envolvidos na equação – poder local e poder central – mas também as relações, as tensões e os conflitos entre esses dois *loci* de poder. Essa perspectiva, digamos, relacional – que considera as duas esferas de poder como interdependentes – é, em nosso entendimento, a forma mais rentável, do ponto de vista analítico, de abordar o assunto. Portanto, essa será a linha expositiva adotada nas seções seguintes.

Ressaltamos que nosso objetivo não é, como já mencionamos, revisar o debate clássico recém-delineado. O que faremos no restante deste capítulo será descrever, de maneira bastante resumida, a evolução das relações entre as duas esferas de poder ao longo da historiografia política brasileira. Para isso, inicialmente, sintetizaremos as linhas gerais dos conflitos entre duas tendências contraditórias durante todo o processo de construção do Estado nacional: uma centralizante e outra descentralizante.

(6.1) Centralização e descentralização do poder na construção do Estado nacional

A ideia do predomínio de um poder central ou de um poder local nas relações entre Estado e sociedade está estreitamente relacionada a outro problema sociológico clássico: o da construção do Estado nacional. Nesse contexto, por um lado, o predomínio do Estado sobre a sociedade significa que aquele tem condições de concentrar poder e exercê-lo de forma centralizada; por outro, a ascendência desta em relação àquele sugere que o poder se encontra disperso e pode ser exercido, por exemplo, pelos chefes políticos locais ou regionais. No caso do Brasil, os conflitos entre poder central e poder local remontam aos tempos da Colônia.

Conforme argumenta Carvalho (1999, p. 155), um país pequeno e escassamente povoado como Portugal, ameaçado seguidamente na própria soberania, "teve grande dificuldade em manter e explorar o vasto território conquistado pela audácia de seus navegadores". Isso ocorreu porque, mesmo que se desconsiderem os territórios africanos e asiáticos sob domínio português, a vastidão da nova colônia na América estava muito além dos recursos de que dispunha a metrópole para sua exploração. Ainda que se levassem em conta apenas os custos envolvidos nas guerras contra os índios e na defesa do território contra a ocupação de outras potências colonizadoras, como Holanda, Espanha e França, os recursos para a exploração do novo território ficariam seriamente comprometidos (Carvalho, 1999).

Diante de obstáculos de tamanha envergadura, de acordo com o autor, não restava outra alternativa à metrópole portuguesa a não ser "recorrer à iniciativa particular para defender, expandir e desenvolver a colônia americana" (Carvalho, 1999, p. 156). A primeira e mais descentralizada iniciativa nesse sentido foi a instituição das capitanias hereditárias, em 1534: em face da possibilidade real de perder o território conquistado, D. João III (1521-1557) dividiu o território da nova colônia em lotes retangulares, que abrangiam desde o Amazonas até São Vicente (no litoral paulista), e os distribuiu entre indivíduos detentores de recursos suficientes não apenas para defendê-los de invasores mas também para explorá-los comercialmente (Carvalho, 1999).

Como informa Fausto (2009), os detentores das capitanias ficaram conhecidos como *capitães-donatários* e, embora não pudessem vender ou dividir seus territórios, receberam amplos poderes sobre essas áreas – os quais passavam pelas esferas econômica, tributária e administrativa. Assim, parte dos tributos pagos à Coroa para a instalação de engenhos e moinhos, bem como para a exploração de minerais preciosos e de atividades pesqueiras, cabia a esses indivíduos. Outra atribuição importante recebida pelos capitães-donatários foi a de doar sesmarias – extensões de terra virgem cedida a um sesmeiro, que se comprometia a cultivá-la em um prazo máximo de cinco anos e a pagar tributos à Coroa (compromisso nem sempre cumprido). Vale ressaltar que dessa atividade de doar terras – sesmarias – surgiram grandes latifúndios país afora (Fausto, 2009).

No entanto, essa primeira tentativa de colonização naufragou. À exceção das capitanias de Pernambuco e de São Vicente, o sistema de capitanias hereditárias ruiu por motivos que vão desde a insuficiência de recursos até o ataque de índios (Fausto, 2009). Dito de outro modo, a tarefa de colonização mostrou-se muito acima das capacidades da iniciativa privada: muitos donatários destruíram suas riquezas – algumas delas construídas no comércio com as Índias – tentando desenvolver suas capitanias; outros sequer tomaram posse de seus territórios (Carvalho, 1999). Após o naufrágio do modelo descentralizante das capitanias, a instituição do governo-geral do Brasil, em 1549, foi no sentido oposto.

Como argumenta Fausto (2009), embora certos fatores externos possam ser considerados – como os primeiros sinais de crise nos negócios com as Índias, algumas derrotas militares no Marrocos e o fim do entreposto comercial de Flandres –, o reconhecimento da precariedade com que a colônia vinha sendo administrada pesou muito na decisão de enviar Tomé de Sousa (primeiro governador-geral) ao Brasil. Nesse sentido, a instituição do governo-geral representou "um esforço de centralização administrativa" (Fausto, 2009, p. 21) por parte da metrópole portuguesa.

Entretanto, como nota Carvalho (1999), apesar de a instituição do governo-geral do Brasil ter representado um movimento centralizante – revertendo parte da descentralização político-administrativa instituída pela concessão das capitanias hereditárias – por parte da Coroa, esta continuou a recorrer à iniciativa privada para manter e explorar o território colonizado. Fausto (2009) segue pela mesma trilha ao reconhecer que, se o governador-geral não concentrava todos os poderes, tampouco tinha condições de administrar todo o território colonial – já que, naquela época, as ligações entre as capitanias eram praticamente inexistentes, algo que restringia consideravelmente o raio de ação dos governadores-gerais.

Dessa forma, a análise das primeiras tentativas de colonização portuguesa na América aponta para dois movimentos importantes. O primeiro deles é que, em decorrência da assimetria entre a extensão do território conquistado e a quantidade de recursos disponíveis para colonizá-lo, Portugal foi obrigado a recorrer à iniciativa privada para manter e explorar seus domínios. O segundo é que, mesmo sendo um país pequeno, escassamente povoado e com parcos recursos disponíveis, a tradição absolutista e patrimonialista da monarquia portuguesa esteve presente desde o início do processo de colonização – como mostra a instituição do governo-geral do Brasil, já em 1549.

Assim, esses dois movimentos revelam as duas tendências na distribuição do poder político-administrativo em território brasileiro cujas disputas, presentes desde o período colonial, atravessam toda a história política nacional: uma centralizante e outra descentralizante. A seguir, vejamos como isso se manifestou após o processo de independência.

6.1.1 CENTRALIZAÇÃO E DESCENTRALIZAÇÃO POLÍTICA NO PERÍODO IMPERIAL

Na historiografia política nacional, é comum contrastar a relativa facilidade com que o processo de independência brasileiro foi consolidado com a forma como ele transcorreu na América espanhola. Também é comum constatar a diferença entre a manutenção da unidade territorial brasileira e a fragmentação que deu origem a vários países latino-americanos.

Nesse sentido, se não é possível dizer que havia um consenso geral em torno de uma solução monárquica e da manutenção da unidade territorial da ex-colônia, também é preciso reconhecer que os movimentos autonomistas e aqueles que defendiam a manutenção da união com Portugal foram vencidos em níveis local ou regional. Desse modo, reconhecer os conflitos e as mortes causadas por eles não invalida a constatação de que a consolidação da independência do Brasil se deu em poucos anos e sem grandes alterações nas ordens social, econômica e política – situação bastante distinta daquela encontrada na América espanhola (Fausto, 2009). Vamos analisar, rapidamente, de que forma isso aconteceu.

É relativamente consensual, no âmbito da ciência política, que a relevância do papel desempenhado pelas elites políticas é maior em momentos de transição de regimes. Não obstante, em regimes consolidados, a importância das instituições tende a ser maior para explicar o funcionamento do sistema político.

Como podemos imaginar, o processo que culminou com a proclamação da Independência do Brasil em relação a Portugal não representava simplesmente um momento de transição entre regimes. Tratava-se de um problema muito mais amplo: a construção de um Estado nacional. Descortinavam-se, àquela altura, alternativas tão díspares quanto a adoção de um governo monarquista ou republicano; a manutenção da unidade do território ou sua divisão; a centralização do poder político-administrativo ou sua descentralização, entre tantos outros. Dessa maneira, as escolhas a serem feitas naquela conjuntura não eram nada triviais – já que tinham influência direta no tipo de Estado e de governo que a nascente sociedade teria a partir daquele momento.

Assim, dada a relevância da empreitada, é legítimo questionar quem decide ou, de maneira mais precisa, quais são os indivíduos ou grupos responsáveis por fazer as escolhas relacionadas ao novo país. Como mencionamos anteriormente, nessas circunstâncias, o papel desempenhado pelos grupos das elites adquire importância fundamental.

No interior da elite política brasileira, como mostrou o trabalho seminal de Carvalho (2013), havia uma preferência clara por aquilo que pode ser sintetizado como *progresso dentro da ordem*. Dessa forma, a manutenção da unidade do território nacional, a consolidação de um governo civil e a redução da nacionalização dos conflitos e da mobilidade social e política seriam objetivos caros para os integrantes dessa elite.

Esses valores arraigados e compartilhados por esses indivíduos, por sua vez, teriam sido produzidos por aquilo que Carvalho (2013, p. 21) chamou de "homogeneidade ideológica e de treinamento", uma vez que o núcleo dessa elite era formado basicamente por burocratas – magistrados, em sua maioria – treinados nas tradições do mercantilismo e do absolutismo português. O consenso básico em torno de algumas opções políticas fundamentais era baseado em elementos como a educação em Coimbra, a influência do direito romano, os mecanismos de treinamento etc. (Carvalho, 2013).

À luz desse conjunto de valores compartilhados pela elite política brasileira (à época da independência), fica mais fácil compreender decisões políticas importantes, como a adoção de um governo monárquico e a preferência pela centralização do poder político-administrativo. No caso da primeira dessas decisões, segundo Carvalho (1999, p. 162), a "solução monárquica não foi usurpação da soberania nacional", como argumentariam, mais tarde, alguns republicanos, mas uma "opção consciente da elite brasileira à época". A razão disso, conforme o autor, é que se difundia no interior da elite política a crença de que a monarquia seria a única forma de evitar a fragmentação territorial, o caudilhismo, a instabilidade e a desintegração da ordem escravocrata, que caracterizaram o processo de independência das ex-colônias espanholas na América (Carvalho, 1999).

No que se refere à centralização do poder político-administrativo do Estado, por sua vez, as dificuldades foram maiores, em virtude de que, ainda de acordo com o autor, a ideia de um território unificado e da existência de um governo central esbarrava na inexistência tanto de vínculos fortes (econômicos ou políticos) que pudessem manter unidas as antigas capitanias quanto de uma tradição de um governo centralizado, durante o período colonial. As dificuldades apareceram ainda durante o processo de independência, quando diversas províncias negaram submissão ao governo brasileiro, mantendo-se fiéis à Coroa portuguesa. A situação agravou-se quando, em 1824, D. Pedro I dissolveu a Assembleia Constituinte e outorgou a Constituição. Em clara manifestação de revolta, as províncias do Ceará, do Rio Grande do Norte, da Paraíba e de Alagoas proclamaram uma república independente, a **Confederação do Equador**, separando-se do resto do Brasil. A Confederação teve de ser derrotada militarmente, o que significou o fuzilamento de alguns de seus líderes (Carvalho, 1999).

Contudo, os problemas não cessaram com esse episódio. As manifestações e as revoltas de cunho regionalista ou localista explodiram no período regencial – que iniciara em 1831, após a abdicação de D. Pedro I, e só seria encerrado em 1840, com a antecipação da maioridade de D. Pedro de Alcântara, filho de D. Pedro I. De acordo com Fausto (2009), esse foi um dos períodos mais conturbados da história nacional, no qual estiveram em jogo, entre outras, questões como: unidade territorial; centralização *versus* descentralização da administração pública; e grau de autonomia das províncias.

No início desse período, segundo o autor, foram tomadas várias medidas descentralizantes, com o objetivo principal de diminuir as prerrogativas monárquicas e conferir mais autonomia às províncias. O Ato Adicional de 1834, por exemplo, entre outras ações, suspendeu o Poder Moderador durante a Regência, suprimiu o Conselho de Estado, estabeleceu votação para a eleição do regente com mandato de quatro anos e criou as Assembleias Provinciais (Fausto, 2009).

Como consequências – ou não – desse movimento descentralizante, conforme argumenta Carvalho (1999, p. 165), manifestaram-se, país afora, inúmeras "tendências centrífugas". Explodiram revoltas em todas as regiões do Brasil e, em momentos distintos, "três províncias proclamaram sua independência" (Carvalho, 1999, p. 165) – Pará, Bahia e Rio Grande do Sul. Essa experiência do período regencial, ainda de acordo com o autor, teria tido um "profundo impacto na elite política" (Carvalho, 1999, p. 167), uma vez que os resultados dessa tentativa descentralizante haviam assustado até mesmo alguns de seus defensores – no Partido Liberal – que, já em 1835, viam a anarquia espalhada por todo o país e temiam que o Brasil tivesse o mesmo destino que a América espanhola (Carvalho, 1999).

Não obstante, como relata Carvalho (1999), a reação não tardaria. Em 1837, com a volta do Partido Conservador ao governo, iniciou-se um movimento conhecido como *regresso*. Tratava-se de um processo centralizador que reformou e anulou as medidas descentralizadoras do período anterior. Embora tenha sido concluído em 1841, esse modelo convergente – que duraria até a queda do Império, em 1889 – foi consolidado apenas por volta de 1850 (Carvalho, 1999).

Como é possível perceber, as duas tendências mencionadas na seção anterior (centralização e descentralização na distribuição do poder político-administrativo em território brasileiro) também estiveram presentes no período imperial. Assim, os conflitos abertos e as revoltas armadas concentraram-se no período que se estende do processo de independência (1821) ao ano de 1850. Depois disso, em razão do que Antônio Octávio Cintra (1974, p. 33) chamou de "esforço centrípeto" por parte do Estado imperial, o modelo centralizador prevaleceu, e as tensões e os conflitos se aplacaram. Mas por quanto tempo?

(6.2)
As origens do federalismo no Brasil

Apesar do esforço centrípeto do Estado imperial, não é difícil imaginar que as tendências centrífugas da sociedade brasileira não tenham desaparecido nesse período. Além disso, ainda que a elite política imperial tenha conseguido construir um governo centralizador, em nome da manutenção da ordem e da unidade territorial, as divergências de interesses nos níveis local e regional continuaram a existir. Como explica Carvalho (1999, p. 179), "assim que passou o efeito da ação ordenadora da centralização, e assim que terminou a coincidência entre o centro político e o centro econômico, voltaram as demandas de descentralização, sobretudo, nas províncias mais dinâmicas".

A ação ordenadora da centralização estava relacionada à manutenção da ordem social vigente e da unidade territorial, bem como ao controle das revoltas populares e dos confrontos entre os grupos das elites. Enfim, tal ação se associava à reversão do cenário de profunda instabilidade que se instaurou durante o período regencial.

A falta de sintonia entre os poderes político e econômico, por sua vez, estava relacionada ao deslocamento geográfico da produção cafeeira, durante a segunda metade do século XIX. Assim, ainda que o café continuasse a ser o carro-chefe da economia agroexportadora, a principal região produtora deixou de ser a do Vale do Paraíba – na província do Rio de Janeiro, onde também se localizava o centro político do Império, na cidade do Rio de Janeiro – e passou a ser a do oeste paulista. Em outros termos, nessa época, a província de São Paulo se tornou o centro dinâmico da economia brasileira, ao passo que o centro político continuou localizado no Rio de Janeiro (Carvalho, 1999).

Foi nesse contexto que, ainda de acordo com Carvalho (1999), a partir da década de 1860, ressurgiu no debate político brasileiro o tema do **federalismo** – dessa vez, fortalecido pelos dois fatores recém-mencionados: i) o êxito do regime monárquico em manter a unidade e a estabilidade política do país; ii) a mudança geográfica do centro dinâmico da economia. No interior desse debate, por sua vez, cristalizou-se uma interpretação que identificava – como fazia Aureliano Tavares Bastos, por exemplo – *absolutismo, centralização* e *império* como "expressões sinônimas" (Bastos, citado por Carvalho, 1999, p. 171). A outra face da moeda era óbvia: *liberdade, federalismo* e *república* também seriam, dessa perspectiva, expressões intimamente relacionadas (Bastos, citado por Carvalho, 1999).

Foi justamente esse tipo de raciocínio que, conforme Carvalho (1999), prevaleceu no Manifesto Republicano de 1870. Em termos práticos, a centralização política era vista, dessa perspectiva, como fonte de despotismo, e sua origem, por sua vez, seria justamente o regime monárquico. Nesse contexto, segundo o autor, a autonomia provincial passou a ser considerada como condição necessária à manutenção da unidade do país, ou seja, inverteu-se a equação do período regencial, em que o discurso era o de que a unidade dependia da centralização. Dessa vez, as equações eram as seguintes: **centralização = desmembramento** e **descentralização = unidade**. Em outros termos, apenas o federalismo poderia manter a unidade do país (Carvalho, 1999).

A percepção da irreversibilidade das mudanças nos cenários político e econômico levou monarquistas ilustres e convictos, como Joaquim Nabuco e Rui Barbosa, a defender o federalismo – na tentativa de salvar o regime –, mas sem abrir mão da monarquia. Assim, eles argumentavam que a combinação de federalismo e república conduziria o Brasil ao mesmo destino das ex-colônias espanholas, isto é, à fragmentação de seu território. O que parte da elite política havia percebido, como observou Carvalho (1999), era que apenas adotando o federalismo como forma de organização do Estado seria possível salvar a monarquia tanto da insatisfação dos antigos proprietários de escravos quanto das crescentes demandas do novo centro da economia. A situação foi precisamente sintetizada por Rui Barbosa um mês antes da queda do Império: "Ou a monarquia faz a federação, ou o federalismo faz a república" (Barbosa, citado por Carvalho, 1999, p. 173).

Enfim, o federalismo, de fato, fez a república. Após o golpe militar de 15 de novembro de 1889, que acabou com o regime imperial e proclamou a República, a segunda Constituição brasileira, promulgada em 24 de fevereiro de 1891, adotou o federalismo como forma de organização do Estado – rompendo com a tradição de Estado unitário que vigorara até então. A esta altura, vale a pena questionar acerca do tipo de federalismo que foi adotado no Brasil. Teria sido nosso federalismo semelhante ao modelo norte-americano?

Como é possível perceber com base no que expusemos nos parágrafos anteriores, o federalismo no Brasil surgiu de uma demanda crescente por mais autonomia nos níveis provincial e local. Isso quer dizer que as elites regionais, insatisfeitas com a centralização político-administrativa patrocinada pelo Estado imperial, passaram a pressionar progressivamente o governo a fim de obter um processo de descentralização que lhes pudesse conferir maior liberdade de ação.

Do ponto de vista teórico, a inspiração para o federalismo brasileiro, como seria de se esperar, havia sido a já bem-sucedida experiência norte-americana – o caso mais célebre de república federativa de que se tinha notícia até então. A referência ao modelo americano aparece, aliás, no título da Carta Constitucional: "Constituição da República dos Estados Unidos do Brasil (de 24 de fevereiro de 1891)"

(Brasil, 1891). Os ideólogos da estrutura federativa a ser adotada no país (como Rui Barbosa, por exemplo) também tinham em mente o modelo dos Estados Unidos da América.

Não obstante, conforme notado por diversos pesquisadores do assunto e por alguns contemporâneos da época, o contexto de surgimento da estrutura federativa brasileira foi bastante distinto daquele que lhe serviu de inspiração. A referência mais completa sobre o assunto é o livro clássico de João Camillo de Oliveira Torres intitulado *A formação do federalismo no Brasil* (Torres, 1961)[1]. Nesse texto, o autor expõe detalhadamente as diferenças existentes entre os processos de surgimento dos federalismos norte-americano e brasileiro. Não é o caso de esmiuçar o assunto aqui; basta, para nossos propósitos, salientar dois aspectos abordados pelo estudioso.

O primeiro se refere aos significados do termo *federação* e de seus derivados. Caso façamos o mesmo exercício realizado pelo autor ao escrever o livro (consultar dicionários acerca dos vocábulos), chegaremos à mesma conclusão que ele: "a resposta é por assim dizer **unânime**" (Torres, 1961, p. 18, grifo nosso).

De acordo com o *Dicionário Priberam da língua portuguesa*, o substantivo feminino *federação* significa: "1) União de muitos Estados particulares num só. 2) Estado colectivo. 3) Aliança. 4) Associação" (Federação, 2018). O termo *federar*, por sua vez, de acordo com a mesma fonte, quer dizer: "1) Confederar. 2) Reunir em federação" (Federar, 2008). Como é possível perceber, *federar* significa reunir partes independentes para formar um todo.

Portanto, o federalismo seria, de acordo com Torres (1961, p. 19), um "sistema de governo que consiste na reunião de vários estados em

---

[1] O livro pode ser acessado na íntegra em: <http://www.brasiliana.com.br/obras/a-formacao-do-federalismo-no-brasil/pagina/28/texto>. Acesso em: 26 mar. 2018.

um só corpo de nação, conservando cada um deles a sua autonomia em tudo que não afete os interesses gerais".

Esse era o caso brasileiro ou, nas palavras do próprio Torres (1961, p. 20), "Estavam, afinal, as antigas províncias separadas, agrupando-se na histórica manhã de novembro?". Em seguida, o autor responde: "Não, absolutamente não. Eram órgãos de um Império unitário (lemos nos livros) e souberam da sua 'Federação' por telegrama" (Torres, 1961, p. 20). Para o autor, essa incongruência também deveria ser notada por um célebre observador contemporâneo acerca do federalismo brasileiro: "Rui Barbosa dirá em frase lapidar: 'Tivemos União antes de ter estados, tivemos o todo antes das partes, a reunião das coisas reunidas... Quer dizer que, historicamente, a Federação foi adotada no Brasil, por uma ordem do poder central'" (Torres, 1961, p. 20-21).

O segundo aspecto observado por Torres (1961) é que, diferentemente do que ocorrera no caso norte-americano, no Brasil, conforme já mencionamos, por trás da bandeira federalista estava o interesse das elites em obter maior autonomia nos âmbitos regional ou local. A expressão mais eloquente sobre essa ideia aparece nos discursos de Joaquim Nabuco, ao defender o federalismo. Para Nabuco (citado por Torres, 1961, p. 28), "Federação era sinônimo de autonomia, e a história brasileira, a história de todas as revoluções brasileiras, podia ser interpretada como luta entre as províncias e o centro". Dessa forma, em termos práticos, o significado assumido pelo federalismo no final do período imperial era o de "independência das províncias" (Nabuco, citado por Torres, 1961, p. 28).

Como é possível notar, mesmo após um período de relativa estabilidade política no qual vigorou um governo monárquico e centralizador, como foi o do Segundo Reinado (1840-1889), as tensões e os conflitos entre as duas tendências mencionadas no início deste capítulo não desapareceram. Nesse sentido, depois de prevalecer em diversos momentos do início do processo de colonização até o período regencial, a tendência da descentralização foi superada pela da centralização, em nome da unidade e da estabilidade, durante o Segundo Reinado. Ao final do Império, por sua vez, durante o imbróglio em torno da adoção do federalismo, as forças centrífugas presentes na sociedade emergiram novamente, e a Federação assumiu um significado bastante peculiar: descentralização político-administrativa.

6.2.1 CENTRALIZAÇÃO E DESCENTRALIZAÇÃO NA PRIMEIRA E NA TERCEIRA REPÚBLICAS

Na seção anterior, observamos que o contexto de ressurgimento do debate em torno de um arranjo federativo no final do período imperial teve como um de seus ingredientes a falta de sintonia entre as localizações do poder econômico e do poder político – o que ocorreu a partir do deslocamento geográfico do centro dinâmico da economia cafeeira do Vale do Paraíba para o oeste paulista (Carvalho, 1999).

Nesse contexto, as demandas por mais autonomia político-administrativa nos níveis local e provincial adquiriram uma forte associação com interesses regionais que, com base em um arranjo mais descentralizado, poderiam ter melhores condições de serem representados.

De fato, a Primeira República brasileira (1889-1930) tem sido retratada pela historiografia como um tempo de domínio absoluto de diversas oligarquias. Algumas das alcunhas utilizadas para fazer referência a esse período confirmam essa percepção: *República do café com leite* – em remissão à elite cafeeira de São Paulo e à elite rural de Minas Gerais – e *Republica oligárquica*[2], por exemplo. A primeira experiência republicana do Brasil também foi o ambiente para o

---

2 Sobre o predomínio das oligarquias durante a Primeira Republica, a referência clássica é *Edgard Carone (1970)*.

desenvolvimento do fenômeno do **coronelismo**, tão bem relatado por Vitor Nunes Leal (2012) em seu clássico *Coronelismo, enxada e voto: o município e o regime representativo no Brasil*. Não obstante, não é necessário adentrarmos nesse terreno. Interessa-nos apenas mostrar que, mesmo em tempos de predomínio de diversos interesses regionais, as tensões entre a centralização e a descentralização do poder continuaram presentes.

Realmente, o fim do modelo centralizador que havia vigorado durante o período imperial abriu caminho para a representação dos interesses dos setores mais dinâmicos da sociedade. Cintra (1974, p. 36), ao analisar essa época, argumenta que o federalismo da Primeira República "respondia, em grande parte, às demandas da nova classe cafeicultora" – cujos interesses encontravam-se "amarrados" pelas instituições imperiais. Dessa maneira, entre os novos canais disponíveis para a defesa de seus interesses estava, evidentemente, "a maior autonomia dos Estados, aos quais se permitia contrair empréstimos externos, ter forças militares próprias e valer-se do imposto sobre as exportações, de importância não desprezível nos Estados exportadores como São Paulo" (Cintra, 1974, p. 36). Porém, mesmo os estados menos dinâmicos – isto é, não ligados à economia cafeeira –, após a abolição do regime escravocrata, não viam necessidade de um centro nacional forte. Pelo contrário, os novos arranjos descentralizados lhes pareciam bastante úteis, já que "lhes davam carta branca na manutenção das situações reinantes localmente nos planos político, econômico e social" (Cintra, 1974, p. 36).

Entretanto, mesmo nessas circunstâncias, como observa o autor, "não deixaram de atuar fatores de aglutinação política" (Cintra, 1974, p. 36). Isso acontecia em dois níveis, basicamente. O primeiro deles era a esfera estadual, visto que controlar a política no interior do estado significava ter poder de decidir sobre a distribuição de uma série de benefícios, como cargos públicos, aparato policial, serviços e obras públicas diversas. Assim, os vários grupos tinham fortes incentivos para disputar o controle da cena política estadual. Para fazê-lo, no entanto, não bastava ao chefe político local controlar sua região; era necessário, também, aliar-se a chefes de outras regiões do estado, para que fosse possível controlar os votos necessários para dominar a política estadual (Cintra, 1974).

Os fatores aglutinantes, ainda de acordo com o autor, também estavam presentes na esfera federal – uma vez que um federalismo extremo tenderia a prejudicar os setores regionais mais dinâmicos, como aqueles que estavam localizados em São Paulo, por exemplo. Isso ocorreria porque esses setores, para se fazerem representar, precisavam da intermediação do governo federal, já que dependiam de questões macroeconômicas, como taxas de juro e câmbio, para honrar seus compromissos externos. Assim, "Seria de todo impossível uma política coerente, caso operassem com total autonomia os Estados e suas representações no Congresso" (Cintra, 1974, p. 38).

Nesse contexto, segue o autor, "O mecanismo centralizante engenhado, na ausência das instituições imperiais e dada a fraqueza, na época, do Exército Nacional, comparado com as brigadas estaduais sob o controle das oligarquias, foi a 'política dos governadores'" (Cintra, 1974, p. 38). Sinteticamente, é possível afirmar que esse arranjo reconhecia a hegemonia econômica dos estados de São Paulo e Minas Gerais, que controlavam o governo federal. Criaram-se, dessa forma, "acima dos interesses locais e regionais, interesses nacionais, que eram, em grande parte, os interesses da região economicamente dinâmica do país, e os mecanismos políticos de efetivá-los" (Cintra, 1974, p. 38). Em troca, o governo federal não interferia nas esferas políticas local ou regional, nas quais o domínio das oligarquias era incontrastável (Cintra, 1974).

No que diz respeito à Terceira República[3] brasileira (1946-1964), ela apresentou, em termos eleitorais, duas diferenças importantes em relação à Primeira (1889-1930): as eleições passaram a contar não apenas com maior participação mas também com maior competição. No primeiro caso, de acordo com Olavo Brasil de Lima Júnior (1990), foi a partir de 1945 que se iniciou o processo de expansão sistemática do eleitorado, tanto em termos absolutos (número de eleitores participantes) quanto em termos proporcionais (percentual de eleitores em relação à população total). No segundo caso, de acordo com Fernando Limongi (2015, p. 372), as eleições de 1945 significaram uma "ruptura fundamental na história política do país". Assim, o fim do Estado Novo marcou "o início de nossa primeira experiência democrática, rompendo com uma experiência que se estendera por mais de cem anos em que eleições eram controladas pelo governo. [...] Dito de forma inversa: oposições passaram a ter chances reais de chegar ao poder" (Limongi, 2015, p. 372).

Retomando o assunto que nos interessa aqui, após a queda do Estado Novo, o federalismo se tornou novamente a forma de organização do Estado e, logo, voltaram também as eleições para os cargos executivos e legislativos nas esferas municipal e estadual. Na verdade, conforme observado por Fernando Abrucio (1998, p. 49), "a Constituição de 1946 inovou ao aumentar a autonomia política e financeira dos municípios, tradicionalmente tolhida pelas Cartas constitucionais anteriores". Não obstante, o federalismo e a competição política da Terceira República se desenvolveram em contexto "marcado pelas mudanças causadas ou induzidas pelo período

---

3   Após a Revolução de 1930, instaurou-se um Governo Provisório (1930-1934). O período entre a promulgação da Constituição de 1934 e o início do Estado Novo é conhecido como Governo Constitucional (1934-1937). Este último período caracteriza a Segunda República brasileira.

Varguista" (Abrucio, 1998, p. 49). Entre as diversas mudanças elencadas pelo autor, destacamos as seguintes:

- *O processo de constituição do Estado desenvolvimentista teve como arena decisória a burocracia federal e não o Congresso Nacional. Criou-se uma estrutura estatal centralizada na qual os principais interesses econômicos – dos empresários e dos trabalhadores – se faziam representar. [...]*
- *A União e a Presidência da República se fortaleceram como núcleos de poder. No caso da União, além de ela ter-se reforçado administrativamente no período Vargas, a Constituição de 1945 lhe deu maiores poderes financeiros se comparados com o outro período de federalismo constitucional, a Primeira República. Já a Presidência se tornou o centro nevrálgico da estrutura burocrática que dava suporte ao Estado desenvolvimentista, tendo grande importância na coordenação da arena decisória governamental.* (Abrucio, 1998, p. 49)

Essas e outras transformações, ainda de acordo com o autor, tiveram uma consequência geral importante: "o fortalecimento do eixo nacional do sistema político" (Abrucio, 1998, p. 50). Em outros termos, "as relações federativas se tornaram mais equilibradas" (Abrucio, 1998, p. 50), uma vez que os estados recuperaram sua autonomia e a União, por sua vez, manteve um raio de ação mais amplo, herdado do Estado Novo. Em termos comparativos, é possível afirmar que, em relação à Primeira República, a União aumentou muito seu poder, o que levou os estados mais fortes daquele período a perder força (Abrucio, 1998).

(6.3)
PODER CENTRAL E PODER REGIONAL NO PERÍODO DEMOCRÁTICO RECENTE

Como observado nas seções anteriores, a convivência, as tensões e os conflitos entre uma tendência centralizante e outra descentralizante, no tocante à organização do poder político-administrativo do Estado nacional, estão presentes em toda a historiografia política brasileira. Essa tem sido a tônica desde as primeiras tentativas de colonização, passando por momentos históricos importantes, como o processo de independência e construção do Estado imperial. As disputas entre essas duas tendências também têm estado presentes nas alternâncias entre períodos democráticos e autoritários que se sucederam após o advento da Primeira República: Revolução de 1930; Governo Provisório (1930-1934); Governo Constitucional (1934-1937); ditadura do Estado Novo (1937-1945); Terceira República (1946-1964); ditadura civil-militar (1964-1985).

E no atual regime democrático? Tais tendências também estão presentes no sistema político inaugurado pela Constituição de 1988?

O objetivo geral desta seção é, justamente, delinear os contornos do debate mais recente sobre a relação entre poder central e poder regional na chamada Nova República. Para isso, inicialmente, trataremos de uma influente interpretação que localiza o *polo dominante* – para retomar a expressão de Fausto (2009) – no poder regional. Dessa forma, o domínio incontrastável seria exercido pelos governadores dos estados. A influência notável desses atores poderia ser percebida tanto na esfera estadual quanto na nacional. Em seguida, problematizaremos a interpretação de Abrucio (1994, 1998) com base nos achados empíricos de uma literatura mais recente, que nos permitem contestar alguns dos argumentos do referido autor (Arretche, 2005, 2009, 2013; Cheibub; Figueiredo; Limongi, 2009; Almeida, 2005).

6.3.1 Domínio político dos governadores de estado

O retorno da relevância dos chefes dos Executivos estaduais para a política nacional no período pós-redemocratização não passou despercebido por quem, à época, dedicava-se a estudar as relações federativas no Brasil. Assim, autores como Eduardo Kugelmas, Brasílio Sallum Júnior e Eduardo Graeff (1989), Aspásia Camargo (1992, 1994) e já haviam notado que, na esteira do movimento descentralizante que sucedeu a erosão do modelo centralizador construído durante o regime ditatorial-militar inaugurado em 1964, aqueles atores políticos voltavam a desempenhar papel importante no arranjo político que se iniciava. Como exemplo, os três primeiros autores mencionados neste parágrafo, em trabalho conjunto, argumentam que o processo de redemocratização, entre outros aspectos, redundou em uma "verdadeira redescoberta do próprio federalismo" (Kugelmas; Sallum Júnior.; Graeff, 1989, p. 96) e que, a partir do restabelecimento das eleições diretas, em 1982, os governadores voltaram a ser "figuras políticas de primeira grandeza" (Kugelmas; Sallum Júnior; Graeff, 1989, p. 96).

Nesse contexto, a pesquisa empreendida por Abrucio (1994) é inovadora não por constatar a relevância política dos governadores de estado no novo arranjo político, mas por apresentar uma interpretação que o autor desenvolve com base nos resultados da própria pesquisa. Relembremos as diferenças entre *constatação* e *explicação*: a constatação de que o processo de redemocratização havia possibilitado a emergência de um arranjo político descentralizado, no qual os Executivos estaduais desempenhariam um papel bastante importante, refere-se ao resultado empírico da pesquisa; a interpretação ou explicação de que os chefes dos Executivos estaduais teriam um poder incontrastável, a ponto de merecerem a alcunha de *barões da federação*, diz respeito a construções teóricas, e é nelas que está a principal inovação do trabalho do autor.

O próprio Abrucio reconhece isso ao argumentar que havia na literatura uma lacuna – a ser preenchida por seu trabalho – acerca da explicação para um fenômeno já constatado por outros autores, qual seja, "a ascensão dos governadores no cenário político nacional" (Abrucio, 1994, p. 165). A hipótese sugerida por ele foi a de que o fenômeno poderia ser explicado pela formação de um "federalismo estadualista", isto é, um ciclo descentralizador desencadeado a partir da erosão do modelo centralizante que vigorara durante o período ditatorial. É justamente a emergência desse ciclo que explicaria "em grande medida a atual posição dos governadores no sistema político brasileiro" (Abrucio, 1994, p. 165).

Dessa forma, para que se possa entender o surgimento do **federalismo estadualista**, é preciso compreender as linhas gerais do modelo centralizante construído no período anterior. Esse modelo, denominado *unionista* pelo autor, havia instaurado um padrão de relações intergovernamentais que favorecia a União em detrimento dos estados. O objetivo desse modelo era "centralizar ao máximo o poder político e as decisões econômicas nas mãos do Governo Federal" (Abrucio, 1994, p. 166), visto que, na visão dos militares, seria preciso "eliminar a influência centrífuga das unidades subnacionais presente no federalismo do período 45/64" (Abrucio, 1994, p. 166). As tendências centrífugas foram sintetizadas pelo autor em dois tipos distintos, entendendo-se que elas se manifestavam (Abrucio, 1994, p. 166-167):

> a. *pela extrema pulverização dos recursos orçamentários federais, que eram divididos pelos deputados apenas de acordo com os interesses*

regionais, em detrimento da racionalidade macroeconômica. Esta tendência era contrária ao ideal tecnocrático de planejamento e racionalização dos gastos públicos, e segundo Roberto Campos, um dos principais personagens do regime autoritário, "(...) O Congresso havia se transformado em 'engenho da inflação' ao multiplicar o orçamento de dispêndio, e em 'fator de distorção' de investimentos pela sua hipersensibilidade a pressões regionais capazes de destruir a coerência e o equilíbrio de planos e programas" (Campos, 1975: 35-36, grifo meu);

b. [...] através da força dos governadores na esfera política nacional, já que havia, como sustenta Aspásia Camargo (1992), uma certa sobrevivência da "política dos governadores". Nos momentos de turbulência política do período, os governadores foram atores fundamentais, como na formação da "cadeia pela legalidade", através do governador gaúcho Leonel Brizola; ou mesmo no golpe de 64, quando os governadores de São Paulo, Minas Gerais e Guanabara (Ademar de Barros, Magalhães Pinto e Carlos Lacerda, respectivamente), os três estados mais importantes da federação, foram agentes importantíssimos na derrubada de Goulart.

Foi justamente para contornar essas tendências centrífugas, segue o autor, que os militares teriam estabelecido "um novo tipo de federalismo, concentrador de poder – econômico e político – nas mãos da União" (Abrucio, 1994, p. 167). Em termos econômicos, foram utilizados diversos dispositivos – por meio de textos constitucionais de 1967 e 1969 e da reforma tributária de 1966 – para conter o gasto público proveniente de demandas regionais. Essas e outras medidas limitaram o Congresso Nacional, como argumentou José Serra, "à tarefa de simplesmente autenticar o projeto de lei orçamentária" (Serra, 1990, citado por Abrucio, 1994, p. 167). Dessa forma, o objetivo era claro: deslocar as demandas regionais do Legislativo (Câmara dos Deputados) para o Executivo (ministérios), com o objetivo de aumentar o grau de controle a ser exercido pelo governo federal[4].

No âmbito político, por sua vez, o principal expediente de comando foi a instituição de eleições indiretas para os cargos de governador. Com essa medida, também o objetivo era cristalino: evitar que os Executivos estaduais, sobretudo dos grandes centros urbanos, fossem convertidos em focos de oposição ao governo (Abrucio, 1994).

O modelo concentrador de poder político e econômico na União, conforme observado por Abrucio (1994), entrou em crise junto com o regime ditatorial. Diversos fatores, ainda de acordo o autor, teriam contribuído para que tanto um quanto o outro erodissem. No campo econômico, vale a pena citar, pela importância, a segunda crise do petróleo, em 1979, e a crise da dívida externa brasileira, a partir de 1982. A combinação desses dois fatores comprometeu definitivamente a continuidade do financiamento do modelo nacional-desenvolvimentista. Entre os fatores políticos, a "vitória oposicionista nos principais estados da federação nas eleições para governador em 1982 ajudou a derrubar tanto o regime autoritário como o padrão 'unionista' de relações governamentais" (Abrucio, 1994, p. 170).

Esse ponto de vista é corroborado pelo já citado trabalho de Kugelmas, Sallum Júnior e Graeff (1989), no qual os autores defendem que, durante o processo de abertura (iniciado na segunda metade dos anos de 1970) e a consequente ampliação para o debate tanto econômico quanto político, a crítica à centralização autoritária teria se espalhado. Nesse contexto, "a bandeira da restauração do federalismo tornou-se um dos principais temas da oposição ao regime"

---

4   Sobre isso, Abrucio (1994, p. 167) destaca que "Esta mudança não mudou o caráter paroquial do mandato dos deputados, tal como existia no período de 45/64 e que era tão criticado pelos tecnocratas do regime militar. Ao contrário, apenas mudou o locus do paroquialismo: passou do Legislativo para o Executivo".

(Kugelmas; Sallum Júnior.; Graeff, 1989, p. 96). É nesse sentido que Abrucio argumenta que, já no início dos anos de 1980, "estavam dadas as condições para a formação de um novo padrão de relações federativas, pois, dada a fragilidade da União e a ascensão dos governadores, o resultado só poderia ser um federalismo no qual os estados teriam posição privilegiada" (Abrucio, 1994, p. 171).

Seria justamente esse tipo de federalismo que teria emergido a partir da crise do modelo unionista, na esteira do processo de redemocratização, ao qual Abrucio (1994) chamou de *federalismo estadualista*. Este, por sua vez, teria surgido de um movimento duplo, "no qual os estados – e mais particularmente os Executivos estaduais e seus comandantes, os governadores –, se fortalecem nos campos político e econômico, enquanto a União se enfraquece nestes dois campos" (Abrucio, 1994, p. 173).

No que concerne ao processo de enfraquecimento da União, são citadas pelo autor, entre os fatores econômicos, as progressivas dificuldades financeiras enfrentadas pelo governo federal iniciadas ainda durante o regime ditatorial. Entre os aspectos de ordem política, a principal influência mencionada é o progressivo fortalecimento do Poder Legislativo diante do Executivo. Como explica Abrucio (1994), iniciado durante o processo de redemocratização, o desenvolvimento do Legislativo teria sido coroado pela Constituição de 1988, ao instaurar um novo tipo de presidencialismo – o de coalizão –, que conferiu novos poderes tanto ao Congresso Nacional quanto ao Poder Judiciário – notadamente, o Supremo Tribunal Federal (STF).

Quanto ao processo de fortalecimento dos Executivos estaduais, por sua vez, o principal aspecto econômico mencionado pelo autor é "A vitória federativa dos estados na Constituinte" (Abrucio, 1994, p. 172), por duas razões fundamentais. A primeira delas é que os estados teriam vencido "a batalha tributária, aumentando sua parcela nos recursos nacionais em 12,9% com relação à antiga Constituição. Já a União perdeu 1,05%" (Abrucio, 1994, p. 172). Esse ponto de vista é corroborado por Fabio Giambiagi, ao sustentar que, "entre 1980 e 1990, enquanto a importância relativa da União na receita disponível total das três esferas de governo caiu 17%, no caso dos estados e municípios houve um aumento de 26% e 70%, respectivamente" (Giambiagi, 1991, citado por Abrucio, 1994, p. 172). A segunda razão é que "A redistribuição financeira prevista pela Constituição de 1988 não veio acompanhada por um reequilíbrio na divisão dos encargos" (Abrucio, 1994, p. 172). Em outros termos, a União continuaria concentrando "uma série de atividades governamentais, mesmo tendo perdido recursos tributários, enquanto os estados se eximem de assumir as responsabilidades pelas políticas públicas" (Abrucio, 1994, p. 172).

Com relação ao âmbito político, Abrucio (1994) elenca alguns aspectos institucionais tomados de empréstimo dos adeptos da engenharia institucional, discutidos no Capítulo 1 deste livro. O primeiro deles é que a presidência da República seria enfraquecida por depender do apoio de políticos cujo comportamento é individualista. Isso ocorreria, por sua vez, "em razão de vários incentivos institucionais" (Abrucio, 1994, p. 179), como o multipartidarismo e o sistema de representação proporcional de lista aberta. A esses fatores institucionais, responsáveis por fragilizar a presidência, somar-se-ia outro, de ordem regional, que também influenciaria no comportamento dos deputados: "A lealdade dos deputados a suas bases estaduais se sobrepuja à perspectiva nacional dos parlamentares – presente, em tese, na atuação vinculada ao programa partidário" (Abrucio, 1994, p. 179). Assim, haveria no Congresso Nacional "vinte e sete 'bancadas estaduais', com grande autonomia diante das agremiações políticas.

Desta maneira, o Congresso Nacional se transformou em uma assembleia dos estados" (Abrucio, 1994, p. 179).

Esse é, em linhas gerais, o célebre argumento construído por Fernando Abrucio. *Grosso modo*, é possível assumir que, na opinião do autor, o modelo descentralizante de organização do Estado nacional, que emergiu do processo de redemocratização mais recente do Brasil, conferiu amplos poderes aos estados que compõem a Federação – notadamente, aos chefes dos Executivos estaduais – em detrimento da União. Dessa forma, os governadores teriam se transformado, a partir de 1982, em verdadeiros **barões da federação** – capazes de sobrepujar facilmente o governo federal. Assim, o sistema político brasileiro seria regido não por uma lógica nacional, mas por uma lógica regional (Abrucio, 1994, 1998).

Esse tipo de argumento, como já comentamos, é compatível com a abordagem que situa na sociedade o polo dominante das relações entre ela e o Estado (Fausto, 2009). Com base na interpretação de Abrucio (1994) sintetizada nesta seção, poderíamos construir o seguinte argumento: as elites regionais, desde que alinhadas com a situação de seus estados, teriam condições de fazer seus principais interesses prevalecerem tanto no âmbito estadual quanto na esfera política nacional, visto que, sendo os governadores estaduais os principais atores do sistema político, mesmo na esfera nacional, prevaleceria uma lógica estadual.

Posto isso, conforme adiantado no início deste capítulo, cabe observar que há uma série de trabalhos mais recentes sobre o federalismo nacional que nos permitem duvidar desse tipo de interpretação. É disso que trataremos a seguir.

6.3.2 Relações intergovernamentais no federalismo brasileiro após 1988

À luz dos achados empíricos mais recentes da literatura especializada no estudo do federalismo brasileiro, é possível afirmar que as relações intergovernamentais em nosso atual modelo federativo respondem, como sintetizou Maria Hermínia Tavares de Almeida (2005), a "um arranjo complexo em que convivem tendências centralizadoras e descentralizadoras, impulsionadas por diferentes forças, com motivações diversas, produzindo resultados variados" (Almeida, 2005, p. 29). Assim, é preciso problematizar o argumento de que, na esteira do processo de redemocratização, as elites regionais tenham reassumido suas posições de influência, fazendo seus interesses voltarem a predominar na cena política nacional.

Essa interpretação é tributária de uma abordagem que entende as relações federativas no Brasil com base na *metáfora de sístoles e diástoles* – expressão utilizada pelo general e ex-ministro de Estado Golbery do Couto e Silva para descrever os sucessivos ciclos de centralização e de descentralização que, segundo ele, caracterizavam nossa Federação. Como bem notou Marta Arretche (2005), essa sucessão de ciclos é, em geral, explicada pelas alternâncias entre regimes políticos. Dessa forma, em linhas gerais,

> *a República Velha caracterizou-se pela descentralização fiscal, seguida pela centralização do Estado Novo, que foi, por sua vez, sucedido por nova descentralização fiscal no período democrático de 1946-1964. Finalmente, a radical descentralização fiscal da Constituição de 1988 seria uma reação à centralização fiscal do regime militar.* (Arretche, 2005, p. 71)

Esse tipo de abordagem, baseada nas alternâncias entre regimes políticos, converge para a seguinte explicação: "nos períodos de autoritarismo, as elites centrais suprimiriam a capacidade de vocalização de interesses das elites estaduais e locais. Na democracia, as últimas teriam recuperados os espaços políticos que permitiriam impulsionar seus interesses, impondo perdas fiscais ao governo central" (Arretche, 2005, p. 71). Esse é, em linhas gerais, o mecanismo explicativo dos argumentos utilizados por Abrucio (1994, 1998) e Camargo (1992, 1993), entre outros autores discutidos anteriormente.

Esse tipo de argumento – que procura explicar os movimentos centralizantes ou descentralizantes ao longo da história do federalismo brasileiro por meio das mudanças de regime político – não é convincente. Isso se deve ao fato de que a convivência entre essas duas conjunturas é mais complexa, como sugeriu Almeida (2005), e ambas podem ser observadas no âmbito de um mesmo regime. O atual regime democrático é um bom exemplo disso. Se houve um inegável processo de descentralização fiscal e tributário a partir da Constituição de 1988 (Abrucio, 1994, 1998), o governo federal, por sua vez, continuou a exercer um papel fundamental no provimento de políticas sociais – até mesmo limitando, em alguns casos, as ações de estados e municípios – e em questões macroeconômicas, como a estabilidade monetária e o equilíbrio fiscal (Almeida, 2005). Além disso, durante os anos de 1990, como mostrou Arretche (2005, p. 72), o governo federal obteve êxito em "diversas estratégias de recentralização fiscal".

Assim, como explicar a permanência de tendências centralizantes em diversas questões no contexto de um arranjo tido como descentralizador, como o que emergiu com a Carta de 1988? A interpretação sugerida por Arretche é que não são as transições entre regimes que explicam, por exemplo, as mudanças nas áreas fiscal e tributária, mas "as assembleias nacionais constituintes ou os períodos de intensa produção legislativa", que "podem ser entendidos como arenas decisórias específicas" (Arretche, 2005, p. 71). Em outros termos, não seria o retorno da democracia que explicaria a descentralização fiscal da Constituição Federal de 1988, "mas as deliberações da Assembleia Nacional Constituinte" (Arretche, 2005, p. 72). Além disso, "Não é a democracia que explica a reação centralizadora do governo central posterior a 1988, mas as deliberações do Congresso Nacional brasileiro" (Arretche, 2005, p. 72). E as previsões cataclísmicas acerca do tipo de federalismo que se instaurara no Brasil pós-ditadura? Esse argumento foi sintetizado por Alfred Stepan, ao sustentar que o federalismo brasileiro, em função de suas características institucionais, tenderia a perpetuar o *status quo*. Isso ocorreria porque, além de dispor de um Poder Legislativo cujas assembleias são absolutamente desproporcionais, eleitores e governadores de cada estado teriam suas próprias agendas, além de mecanismos para representá-las (Stepan, 1999). Como é possível perceber, esse argumento vai ao encontro daquele construído por Abrucio (1994), abordado na seção anterior.

Relembramos que, de acordo com esse autor, haveria duas tendências no interior do arranjo federativo brasileiro (Abrucio, 1994). A primeira delas refere-se à ideia de que o comportamento dos parlamentares tenderia a ser individualista, motivado por incentivos institucionais como o multipartidarismo e o sistema proporcional de lista aberta. A segunda é que, na política nacional, haveria a inclinação de prevalecer uma lógica regional ou estadual: a lealdade dos deputados a suas bases estaduais prevaleceria sobre a perspectiva nacional de atuação dos parlamentares, isto é, sobre a adesão destes últimos a um programa partidário nacional. Dessa forma, o Congresso Nacional seria composto por "vinte e sete 'bancadas estaduais', com grande autonomia diante das agremiações políticas" – transformando-o, em última instância, em uma "assembleia dos estados" (Abrucio, 1994, p. 179). A realidade é que essas previsões, conforme Arretche (2013), não se confirmaram. Isso teria ocorrido porque "Um amplo conjunto de reformas foi aprovado sob o regime democrático vigente. Entre estas, estão incluídas decisões que reverteram uma das mais marcantes decisões da Constituição Federal de 1988 (CF88), que havia transferido receitas mas não havia transferido responsabilidade sobre políticas a estados e municípios" (Arretche, 2013, p. 41). Adicionalmente, algumas das reformas aprovadas "impuseram perdas aos governos estaduais e aumentaram a capacidade de coordenação da União, restringindo a autonomia decisória dos governos subnacionais" (Arretche, 2013, p. 41).

A tendência à perpetuação do *status quo*, mencionada por Stepan (1999), também não se concretizou. Conforme mostrado por Almeida (2005), a Federação brasileira pós-1988 constituiu-se em "um arranjo cooperativo complexo, no qual governo federal, estados e municípios articularam-se de maneiras diversas nas diferentes áreas de ação governamental" (Almeida, 2005, p. 38). Nesse sentido, nas áreas tradicionais da política social analisadas pela autora (saúde, educação e assistência social), predominam "arranjos com diferentes graus de descentralização e a cooperação intergovernamental" (Almeida, 2005, p. 38). Já no caso das políticas mais recentes, destinadas a combater a pobreza extrema, reintroduziu-se "a centralização da decisão, recursos e implementação na esfera federal" (Almeida, 2005, p. 38).

No período posterior a 1988, portanto, houve mudanças significativas nas relações intergovernamentais – algo que Arretche (2009, p. 378) chamou de "mudanças no *status quo* federativo" durante os anos de 1990. Essas mudanças já foram constatadas por extensa literatura, e diversas interpretações foram elaboradas na tentativa de explicá-las. Almeida (2005), por exemplo, argumenta que a centralização é um valor normativo arraigado entre as elites políticas, burocráticas e profissionais do país, mesmo que seus discursos e plataformas políticas sejam favoráveis à descentralização. Fernando Abrucio e Valeriano Costa (1999) sugerem que os impactos fiscais do Plano Real teriam interferido nas preferências dos governadores, o que, por seu turno, teria produzido um comportamento cooperativo das bancadas estaduais em relação ao governo federal.

Não obstante, José Cheibub, Argelina Figueiredo e Fernando Limongi (2009, p. 268), ao analisarem dados de votações de um período extenso (1988-2006), não encontraram "indícios de que os governadores exercessem mais pressão do que os partidos políticos sobre os legisladores". O que os autores encontraram (mais uma vez) foi o fato de que o comportamento dos parlamentares é regido, predominantemente, por uma lógica partidária. Dito de outro modo, mecanismos institucionais – como o poder de agenda do presidente e a centralização do processo legislativo – "neutralizam, dentro da Câmara Legislativa, as respostas que os legisladores individuais tenham de dar às preocupações locais e individuais" (Cheibub; Figueiredo; Limongi, 2009, p. 268).

Arretche (2009), por sua vez, ao analisar o mesmo período, constatou as transformações no *status quo* federativo, a partir de 1995, mas não encontrou nenhuma alteração relevante no comportamento das bancadas estaduais. Mais especificamente, dos governos de Fernando Collor a Lula, o padrão de comportamento dos parlamentares, independentemente do conteúdo sob deliberação, tem sido o mesmo: seguir a orientação dos líderes partidários. Foi assim mesmo durante as votações das matérias que restringiram a autonomia dos governos locais e estaduais, isto é, as bancadas dos estados representadas no

Congresso Nacional votaram contra os governadores e os prefeitos e a favor do presidente (Arretche, 2009).

Os resultados empíricos dessa literatura mais recente acerca das relações federativas no Brasil, portanto, são bastante contundentes. Isso significa que as previsões mais pessimistas com relação a eventuais efeitos perniciosos do arranjo federativo brasileiro, como aquelas levantadas por Stepan (1999) e Abrucio (1994, 1998), por exemplo, de fato, não passaram de previsões. Mas por que elas não se materializaram?

Arretche (2009), depois de estudar exaustivamente o assunto, mostrou que muitas das razões pelas quais as previsões falharam residem na forma como texto constitucional de 1988 foi construído. Vamos nos ater aos dois principais pontos do argumento da autora.

Em primeiro lugar, "os formuladores da CF 88 criaram um modelo de Estado federativo que combina ampla autoridade jurisdicional à União com limitadas oportunidades institucionais de veto aos governos subnacionais" (Arretche, 2009, p. 380). Em segundo lugar, "as regras que regem as interações entre as elites do governo federal e dos governos subnacionais favorecem as elites políticas instaladas no centro e limitam as oportunidades de veto das elites instaladas nos governos subnacionais" (Arretche, 2009, p. 380).

Em outras palavras, tanto o modelo de federalismo escolhido pelos autores da Constituição de 1988 quanto as regras que regem a interação entre os diferentes níveis de governo não oferecem muitas oportunidades de veto aos governos subnacionais. Ainda de acordo com a autora, seriam "essas condições institucionais que permitiram a expansão da autoridade da União sobre os governos subnacionais, além da preponderância do Executivo sobre o Legislativo" (Arretche, 2009, p. 380).

Desse modo, embora as elites do governo central tenham sido capazes, sobretudo a partir de 1995, de aprovar diversas medidas que fortaleceram o poder da União em detrimento de estados e municípios, não significa que esse processo tenha "representado uma ruptura radical em relação ao contrato original de 1988" (Arretche, 2009, p. 392). Afirmar isso, conforme a autora, seria esconder as continuidades entre 1988 e 1995, visto que, se, por um lado, houve uma reversão da autonomia subnacional sobre gastos, por outro, houve a "continuidade de um modelo de Estado federativo que confere autoridade à União para regular o modo como Estados e municípios devem executar suas próprias competências sobre impostos, políticas e gastos" (Arretche, 2009, p. 392). Isso significa que não se inaugurou, durante a década de 1990, um novo modelo de Estado federativo, uma vez que os princípios normativos que permitiram as mudanças ocorridas naquele período já estavam presentes no texto original de 1988 (Arretche, 2009).

Síntese

No decorrer deste capítulo, demonstramos que há, na historiografia política brasileira, um caloroso debate acerca do predomínio de um poder central ou de um poder regional, tanto no processo de construção do Estado nacional quanto no padrão das relações entre Estado e sociedade. Também abordamos as especificidades do contexto de surgimento do federalismo em nosso país. No que concerne a períodos mais recentes, destacamos que todo esse contexto histórico influenciou no padrão complexo de relações intergovernamentais que emergiu com a Constituição de 1988, inviabilizando o domínio exclusivo de uma esfera de governo sobre a outra.

Questões para revisão

1. Descreva a tese elaborada por Fernando Abrucio (1994, 1998) acerca da prevalência dos governadores estaduais na política nacional.

2. Disserte sobre a origem do comportamento regional dos parlamentares no Congresso Nacional, de acordo com o argumento de Fernando Abrucio (1994, 1998).

3. Leia atentamente as sentenças a seguir, referentes às interpretações de tipo feudalista na historiografia política brasileira, e classifique-as como verdadeiras (V) ou falsas (F):

   ( ) Nesse tipo de interpretação, a política brasileira seria dominada pelos grandes proprietários de terra.

   ( ) Nesse tipo de interpretação, a política brasileira seria dominada pelo Estado.

   ( ) Nesse tipo de interpretação, predominariam na política brasileira os interesses locais e regionais.

   ( ) Nesse tipo de interpretação, predominariam na política brasileira os interesses nacionais.

   Agora, assinale a alternativa que apresenta a sequência correta:

   a) V, V, V, V.
   b) F, F, F, F.
   c) V, F, V, F.
   d) V, V, F, F.
   e) F, V, F, F.

4. Leia atentamente as sentenças a seguir, relativas às interpretações de tipo patrimonialista na historiografia política brasileira, e classifique-as em verdadeiras (V) ou falsas (F):
   ( ) Nesse tipo de interpretação, a política brasileira seria dominada pelos grandes proprietários de terra.
   ( ) Nesse tipo de interpretação, a política brasileira seria dominada pelo Estado.
   ( ) Nesse tipo de interpretação, predominariam na política brasileira os interesses locais e regionais.
   ( ) Nesse tipo de interpretação, predominariam na política brasileira os interesses nacionais.

   Agora, assinale a alternativa que apresenta a sequência correta:
   a) V, V, V, V.
   b) F, F, F, F.
   c) V, F, V, F.
   d) V, V, F, F.
   e) F, V, F, V.

5. Leia atentamente as sentenças a seguir, referentes às relações intergovernamentais no atual regime democrático de acordo com os achados das pesquisas mais recentes, e classifique-as como verdadeiras (F) ou falsas (F):
   ( ) Atualmente, na política nacional, predominam os interesses das elites locais e regionais.
   ( ) Atualmente, na política nacional, predominam os interesses dos governadores de Estado.
   ( ) Atualmente, o processo legislativo nacional é controlado, em boa medida, pelo Executivo nacional e pelos partidos.

( ) Atualmente, no padrão de relações intergovernamentais brasileiro, existem tendências tanto centralizantes quanto descentralizantes.

Agora, assinale a alternativa que apresenta a sequência correta:

a) V, V, V, V.
b) F, F, F, F.
c) V, F, V, F.
d) F, F, V, V.
e) F, V, F, F.

Questões para reflexão

1. Reflita sobre por que é impossível sustentar que a política nacional seja controlada pelos governadores estaduais, ainda que eles sejam atores políticos relevantes.

2. Considere os problemas associados às interpretações dicotômicas em relação a fenômenos complexos como os sociais e políticos e faça uma reflexão que leve em conta possíveis soluções para tais problemas.

Para saber mais

CARVALHO, J. M. de. Mandonismo, coronelismo, clientelismo: uma discussão conceitual. **Dados: Revista de Ciências Sociais**, Rio de Janeiro, v. 40, n. 2, jan. 1997. Disponível em: <http://www.scielo.br/scielo.php?script=sci_arttext&pid=S0011-52581997000200003>. Acesso em: 23 mar. 2018.

Esse artigo é indicado ao leitor interessado em se aprofundar na discussão acerca de conceitos como mandonismo, coronelismo e clientelismo.

MONTEIRO NETO, A. et al. **Federalismo e relações intergovernamentais no Brasil**: dinâmicas, impasses e consensos atuais (revelados por gestores públicos estaduais). Texto para Discussão n. 2306. Rio de Janeiro: Ipea, 2017.

Indicamos esse livro ao leitor que deseja conhecer mais profundamente a dinâmica de poder entre as diferentes esferas de governo.

Wellington Nunes

Para concluir...

Como afirmamos na seção de apresentação deste livro, a maior dificuldade encontrada ao se analisar a política é conseguir separar o que o analista acredita que ela deveria ser daquilo que ela, de fato, é. Isso não significa que os valores, as crenças, as expectativas e as opiniões que o cidadão comum tem acerca do assunto sejam irrelevantes, tampouco que a política seja imutável, algo que poderia conduzir o analista ao seguinte raciocínio tautológico: "a política é assim porque sempre foi assim".

A questão é que, mesmo para o cidadão ou para o analista que pretenda modificar a forma de se fazer política em determinada comunidade, a separação mencionada é fundamental – nesse caso, aliás, é possível que ela se torne ainda mais relevante. Isso ocorre porque o que rege o real funcionamento das instituições políticas não são os valores nem as expectativas dos cidadãos em geral, mas as regras e os procedimentos construídos pelos indivíduos que ocupam essas instituições. Portanto, a primeira coisa a ser feita, ainda que se esteja imbuído de qualquer tipo de ideal transformador, é compreender a política como é, e não como deveria ser.

Assim, ao longo desta obra, examinamos quatro perspectivas (ou abordagens) analíticas elaboradas por pesquisadores com base na observação sistemática de dados empíricos referentes à política brasileira.

No Capítulo 1, analisamos a primeira perspectiva, que diz respeito à engenharia institucional de nosso sistema político, isto é, a suas características institucionais mais gerais: sistemas de governo, de partidos, regras eleitorais etc.

Nessa seara, destacamos que as previsões de diversos especialistas sobre o arranjo institucional inaugurado após a erosão do regime ditatorial-militar eram as piores possíveis, visto que a Constituição de 1988 não alterou a combinação pouco alvissareira de presidencialismo, multipartidarismo e sistema de representação proporcional de lista aberta – que vigorara no regime democrático de 1946 a 1964. Com base nisso, deduzia-se, a Nova República tenderia a padecer das mesmas deficiências daquele regime: instabilidade, ingovernabilidade, paralisia decisória etc, o que acabaria por colocar em risco a sobrevivência do regime recém-inaugurado.

Tais previsões, como mostramos, não se concretizaram, pois, conforme revelado por outro conjunto de pesquisadores, analisados no Capítulo 2, embora a Carta de 1988 não tenha alterado a engenharia institucional de nosso sistema político, ela modificou diversos procedimentos e regras referentes ao processo decisório – notadamente, em termos de prerrogativas legislativas do Poder Executivo e do papel desempenhado pelos líderes partidários. Essas e outras transformações institucionais permitiram que o processo decisório da Nova República passasse a ser controlado, em boa medida, pelo presidente e pelos partidos políticos – tal como ocorre na maior parte das democracias ocidentais.

A segunda perspectiva, por sua vez, está relacionado ao estudo das minorias organizadas – as elites. Não se trata de negar a influência que as regras e os procedimentos institucionais podem exercer sobre o comportamento dos atores, mas de tentar iluminar aspectos que as análises institucionalistas (ou neoinstitucionalistas) não alcançam – como a configuração de interesses no interior do Congresso Nacional ou a razão pela qual o conjunto de regras escolhido para reger o funcionamento de determinada instituição é um e não outro. No caso específico da política brasileira, os estudos sobre as elites têm oferecido contribuições importantes. Relembremos aqui apenas três. A primeira delas é a associação robusta entre composição social e ideologia no interior dos partidos políticos – como visto no Capítulo 3. Dito de outro modo, há diferenças importantes entre os perfis sociais (profissão, escolaridade, patrimônio etc.) dos políticos recrutados pelos partidos de direita, de centro e de esquerda – conforme comprovado por extensa literatura.

A segunda contribuição desses estudos refere-se ao padrão de carreira da classe política brasileira – analisado no Capítulo 4 –, o qual, como tem sido demonstrado por diversas pesquisas, vem passando por transformações importantes. Atributos relacionados à posse de elevado capital econômico ou cultural (para utilizar a terminologia bourdieusiana), outrora imprescindíveis, têm perdido importância em favor de outros mais estreitamente relacionados à política propriamente dita. Em termos mais específicos, atributos como prestígio social, influência regional e origem familiar vêm perdendo espaço para variáveis como tempo de carreira, experiência legislativa prévia, vínculo partidário e *expertise* política.

Esse processo de autonomização ou de profissionalização da classe política é corroborado pelo terceiro tipo de contribuição dos estudos sobre as elites: o papel dos partidos políticos no processo de recrutamento de seus membros. Os resultados das pesquisas relativas a esse tema têm mostrado que, seja durante o processo de seleção dos candidatos, seja pelo direcionamento seletivo de recursos organizacionais e de financiamento que vão definir os eleitos, o papel desempenhado pelas legendas partidárias é fundamental para distinguir os políticos experimentados dos aventureiros e dos diletantes.

A terceira perspectiva analítica abordada neste livro não diz respeito a instituições ou a elites políticas, mas a eleitores. Nessa seara de estudos, trata-se, *grosso modo*, de investigar o comportamento dos indivíduos em processos eleitorais, bem como os eventuais impactos que o comportamento do eleitorado pode ter nas estratégias partidárias. Em decorrência dos limites de espaço, no Capítulo 5, examinamos apenas o comportamento dos eleitores nas eleições presidenciais do atual regime democrático. As análises dos pleitos eleitorais desse período mostram que, a partir de 2006, houve mudanças significativas no interior do eleitorado brasileiro.

Em linhas gerais, os indivíduos que ocupam as camadas de renda mais baixas da população – e que tradicionalmente votavam em candidatos de centro e de direita – mudaram de comportamento a partir das eleições de 2006 e ajudaram não apenas a reeleger Luiz Inácio Lula da Silva, mas também a eleger sua sucessora, Dilma Rousseff, pelo maior partido de esquerda do Brasil – o Partido dos Trabalhadores (PT). Ao mesmo tempo, o referido partido perdeu parte importante de seu eleitorado tradicional, composto por setores médios e mais escolarizados da população, concentrados nos grandes centros urbanos das regiões Sul e Sudeste do país.

Diversas interpretações surgiram para explicar os motivos que levaram a essas transformações. Segundo a mais influente delas, esse fenômeno é fruto de um realinhamento ideológico no interior do eleitorado brasileiro, que, em vez de polarizá-lo da maneira tradicional – isto é, entre direita e esquerda –, dividiu-o entre ricos e pobres (Singer, 2009, 2012).

Finalmente, a quarta perspectiva de análise da política brasileira abordada neste livro refere-se às relações que envolvem a interação do governo federal com os governos subnacionais – estaduais e municipais. Conforme discutimos no Capítulo 6, esse debate diz respeito, em boa medida, ao grau de centralização ou de descentralização do poder político-administrativo do Estado. Nesse contexto, além de delinearmos os principais contornos do debate clássico em torno do assunto – poder central *versus* poder regional – ao longo da historiografia política brasileira, também tratamos dos padrões atuais de relações intergovernamentais à luz dos achados empíricos de estudos de ciência política mais recentes – que tiveram como objeto o atual regime democrático.

Os achados dessa literatura mostram que as interações entre o governo federal e os governos subnacionais são muito mais complexas do que supõe a clássica, mas já desgastada proposição dicotômica, como mencionado anteriormente. Assim, embora o arranjo federativo que emergiu com a Constituição de 1988 tenha proporcionado maior autonomia aos estados e aos municípios, ele não submeteu o governo federal aos impulsos das elites políticas locais ou regionais, tampouco permitiu que as bancadas estaduais no Congresso Nacional tivessem instrumentos para vetar as iniciativas (indesejáveis) do Poder Executivo. Desse modo, o poder de agenda deste último, bem como a lógica de funcionamento do processo legislativo nacional, conservou o protagonismo do governo federal em muitas áreas.

Antes de encerrarmos, convém retomar uma observação feita na seção de apresentação deste livro: nós não ignoramos que as quatro abordagens reunidas nesta obra não exaurem as possibilidades de estudar a política brasileira. Entendemos que fenômenos sociais e políticos são multicausais e, por essa razão, são influenciados por inúmeros fatores. Logo, nossa intenção foi apenas oferecer a você, leitor, um conjunto básico de ferramentas para que lhe seja possível, por conta própria, começar a analisar a política brasileira. Esperamos que a missão tenha sido cumprida!

Referências

ABRANCHES, S. H. H. de. Presidencialismo de coalizão: o dilema institucional brasileiro. **Dados: Revista de Ciências Sociais**, Rio de Janeiro, v. 31, n. 1, p. 5-34, 1988. Disponível em: <https://politica3unifesp.files.wordpress.com/2013/01/747832 29-presidencialismo-de-coalizao-sergio-abranches.pdf>. Acesso em: 19 mar. 2018.

ABRUCIO, F. L. Os barões da Federação. **Lua Nova**, São Paulo, n. 33, p. 165-183, 1994. Disponível em: <http://www.scielo.br/pdf/ln/n33/a12n33.pdf>. Acesso em: 26 mar. 2018.

_____. Os barões da Federação: os governadores e a redemocratização brasileira. São Paulo: Hucitec/Edusp, 1998.

ABRUCIO, F. L.; COSTA, V. M. F. **Reforma do Estado e o contexto federativo brasileiro**. São Paulo: Fundação Konrad-Adenauer-Stiftung, 1999.

ALMEIDA, M. H. T. de. Recentralizando a Federação? **Revista de Sociologia e Política**, Curitiba, n. 24, p. 29-40, jun. 2005. Disponível em: <http://www.scielo.br/pdf/rsocp/n24/a04n24.pdf>. Acesso em: 26 mar. 2018.

ÁLVARES, M. L. M. Determinantes da seleção de candidaturas aos cargos parlamentares e regras estatutárias na formação do selecionador brasileiro, nas eleições de 2002. In: ENCONTRO DA ASSOCIAÇÃO BRASILEIRA DE CIÊNCIA POLÍTICA, 5., 2006, Belo Horizonte. Anais... Belo Horizonte: Ed. da UFMG, 2006.

AMARAL, O. E. do; RIBEIRO, P. F. Por que Dilma de novo? Uma análise exploratória do estudo eleitoral brasileiro de 2014. **Revista de Sociologia e Política**, Curitiba, v. 23, n. 56, p. 107-123, dez. 2015. Disponível em: <http://www.scielo.br/pdf/rsocp/v23n56/0104-4478-rsocp-23-56-0107.pdf>. Acesso em: 23 mar. 2018.

AMES, B. Electoral Strategy under Open List Proportional Representation. **American Journal of Political Science**, v. 39, n. 2, p. 406 433, 1995.

AMORIM NETO, O. Formação de gabinetes presidenciais no Brasil: coalizão *versus* cooptação. **Nova Economia**, Belo Horizonte, v. 4, n. 1, p. 9-34, 1994. Disponível em: <http://revistas.face.ufmg.br/index.php/novaeconomia/article/view/2292/1233>. Acesso em: 26 mar. 2018.

_____. Gabinetes presidenciais, ciclos eleitorais e disciplina legislativa no Brasil. **Dados: Revista de Ciências Sociais**, Rio de Janeiro, v. 43, n. 3, p. 479-519, 2000.

AMORIM NETO, O.; SANTOS, F. A conexão presidencial: facções pró e antigoverno e disciplina partidária no Brasil. **Dados: Revista de Ciências Sociais**, Rio de Janeiro, v. 44, n. 2, p. 291-321, 2001. Disponível em: <http://www.scielo.br/scielo.php?script=sci_arttext&pid=S0011-52582001000200003&lng=en&nrm=iso&tlng=pt>. Acesso em: 26 mar. 2018.

ARRETCHE, M. Continuidades e descontinuidades da Federação brasileira: de como 1988 facilitou 1995. **Dados: Revista de Ciências Sociais**, Rio de Janeiro, v. 52, n. 2, p. 377-423, 2009. Disponível em: <http://www.scielo.br/pdf/dados/v52n2/v52n2a04.pdf>. Acesso em: 26 mar. 2018.

_____. Quando instituições federativas fortalecem o governo central? **Novos Estudos Cebrap**, São Paulo, n. 95, mar. 2013. Disponível em: <http://www.scielo.br/pdf/nec/n95/03.pdf>. Acesso em: 26 mar. 2018.

_____. Quem taxa e quem gasta: a barganha federativa na Federação brasileira. **Revista de Sociologia e Política**, Curitiba, n. 24, p. 69-85, 2005. Disponível em: <http://www.scielo.br/pdf/rsocp/n24/a06n24.pdf>. Acesso em: 26 mar. 2018.

AVRITZER, L. **Impasses da democracia no Brasil**. Rio de Janeiro: Civilização Brasileira, 2016.

AVRITZER, L. et al. (Org.). **Corrupção**: ensaios e críticas. 2. ed. Belo Horizonte: Ed. da UFMG, 2012.

BALBACHEVSKY, E.; HOLZHACKER, D. O. Identidade, oposição e pragmatismo: o conteúdo estratégico da decisão eleitoral em 13 anos de eleições. **Opinião Pública**, Campinas, v. 10, n. 2, p. 242-253, out. 2004.Disponível em: <http://www.scielo.br/pdf/op/v10n2/22017.pdf>. Acesso em: 22 mar. 2018.

BARBOSA, T. A. L.; SCHAEFER, B. M.; RIBAS, V. L. Novos competidores no Brasil? Candidatos e eleitos pela REDE, PMB e NOVO. **Observatório de Elites Políticas e Sociais do Brasil**, v. 4, n. 3, p. 1-17, abr. 2017. Disponível em: <http://observatory-elites.org/wp-content/uploads/2012/06/Newsletter-vol.-4-n.-3.pdf>. Acesso em: 20 mar. 2018.

BATISTA, M. O poder no Executivo: explicações no presidencialismo, parlamentarismo e presidencialismo de coalizão. **Revista de Sociologia e Política**, Curitiba, v. 24, n. 57, p. 127-155, 2016. Disponível em: <http://www.scielo.br/pdf/rsocp/v24n57/0104-4478-rsocp-24-57-0127.pdf>. Acesso em: 26 mar. 2018.

_____. O poder no Executivo: uma análise do papel da presidência e dos ministérios no presidencialismo de coalizão brasileiro (1995-2010). **Opinião Pública**, Campinas, v. 19, n. 2, p. 449-473, nov. 2013. Disponível em: <http://www.scielo.br/pdf/rsocp/v24n57/0104-4478-rsocp-24-57-0127.pdf>. Acesso em: 26 mar. 2018.

BOBBIO, N. Teoria das elites. In: BOBBIO, N.; MATTEUCCI, N.; PASQUINO, G. (Org.). **Dicionário de política**. Brasília: Ed. da UnB, 1998. p. 385-391.

BOLOGNESI, B. A seleção de candidaturas no DEM, PMDB, PSDB e PT nas eleições legislativas federais brasileiras de 2010: percepções dos candidatos sobre a formação das listas. **Revista de Sociologia e Política**, Curitiba, v. 21, n. 46, p. 45-68, jun. 2013. Disponível em: <http://www.scielo.br/pdf/rsocp/v21n46/04.pdf>. Acesso em: 22 mar. 2018.

BORBA, J. Cultura política, ideologia e comportamento eleitoral: alguns apontamentos teóricos sobre o caso brasileiro. **Opinião Pública**, Campinas, v. 11, n. 1, p. 147-168, mar. 2005. Disponível em: <http://www.scielo.br/pdf/op/v11n1/23698.pdf>. Acesso em: 22 mar. 2018.

BOURDIEU, P. A representação política: elementos para uma teoria do campo político. In: _____. **O poder simbólico**. Rio de Janeiro: Difel; Bertrand Brasil, 1989. p. 163-207.

BRAGA, M. do S. S. **O processo partidário-eleitoral brasileiro:** padrões de competição política (1982-2002). São Paulo: Humanitas; Fapesp, 2006.

____. Organizações partidárias e seleção de candidatos no Estado de São Paulo. **Opinião Pública**, Campinas, v. 14, n. 2, p. 454-485, nov. 2008. Disponível em: <http://www.scielo.br/pdf/op/v14n2/08.pdf>. Acesso em: 22 mar. 2018.

BRAGA, M. do S. S.; BOLOGNESI, B. Dimensões do processo de seleção da classe política brasileira: autopercepções dos candidatos à Câmara dos Deputados nas eleições de 2010. In: SANTOS, A. M. dos. **Os eleitos:** representação e carreiras políticas em democracias. Porto Alegre: Ed. da UFRGS, 2013. p. 75-106.

BRAGA, M. do S. S.; VEIGA, L. F.; MIRÍADE, A. Recrutamento e perfil dos candidatos e dos eleitos à Câmara dos Deputados nas eleições de 2006. **Revista Brasileira de Ciências Sociais**, São Paulo, v. 24, n. 70, p. 123-142, jun. 2009. Disponível em: <http://www.scielo.br/pdf/rbcsoc/v24n70/a08v2470.pdf>. Acesso em: 22 mar. 2018.

BRAGA, S. S. **Quem foi quem na Assembleia Constituinte de 1946:** um perfil socioeconômico e regional da Constituinte de 1946. Brasília: Câmara dos Deputados/Coordenação de Publicações, 1998.

BRASIL. Constituição (1891). **Diário Oficial [da] República dos Estados Unidos do Brasil**, Rio de Janeiro, 24 fev. 1891. Disponível em: <http://www.planalto.gov.br/ccivil_03/constituicao/constituicao91.htm>. Acesso em: 26 mar. 2018.

BRASIL. Constituição (1988). **Diário Oficial da União**, Brasília, DF, 5 out. 1988. Disponível em: <http://www.planalto.gov.br/ccivil_03/constituicao/constituicao.htm>. Acesso em: 19 mar. 2018.

BRASIL. Congresso Nacional. Câmara dos Deputados. **Quantos são e de que forma é definido o número de deputados**. Disponível em: <http://www2.camara.leg.br/a-camara/conheca/quantos-sao-e-de-que-forma-e-definido-o-numero-de-deputados>. Acesso em: 20 mar. 2018a.

_____. **Medida provisória**. Disponível em: <http://www2.camara.leg.br/comunicacao/assessoria-de-imprensa/medida-provisoria>. Acesso em: 20 mar. 2018b.

_____. **Regimento Interno da Câmara dos Deputados**: aprovado pela Resolução nº 17, de 1989, e alterado até a Resolução nº 20, de 2016. 18. ed. Brasília: Câmara dos Deputados; Edições Câmara, 2017. (Série Textos Básicos, n. 141). Disponível em: <http://bd.camara.gov.br/bd/handle/bdcamara/18847>. Acesso em: 20 mar. 2018.

_____. Resolução n. 17, de 1989. **Diário do Congresso Nacional**, Poder Legislativo, Brasília, DF, 22 set. 1989. Disponível em: <http://www2.camara.leg.br/atividade-legislativa/legislacao/regimento-interno-da-camara-dos-deputados/RICD%20atualizado%20ate%20RCD%2027-2018.pdf>. Acesso em: 20 mar. 2018.

BRASIL. Tribunal Superior Eleitoral. **Repositório de dados eleitorais**. Disponível em: <https://www.tse.jus.br/eleitor-e-eleicoes/estatisticas/repositorio-de-dados-eleitorais-1/repositorio-de-dados-eleitorais>. Acesso em: 22 mar. 2018c.

CALVO, E.; GUARNIERI, F. H.; LIMONGI, F. Why Coalitions? Party System Fragmentation, Small Party Bias, and Preferential Vote in Brazil. **Electoral Studies**, Apr. 2015.

CAMARGO, A. A federação acorrentada: nacionalismo, desenvolvimentismo e instabilidade democrática. In: ENCONTRO ANUAL DA ANPOCS, 16., 1992, Caxambu/MG. **Anais**... Caxambu: Anpocs, 1992.

_____. La federación sometida: nacionalismo desarrollista e inestabilidad democrática. In: CARMAGNANI, M. (Org.). **Federalismos latinoamericanos**: México/Brasil/Argentina. México: Fondo de Cultura Económica, 1993. p. 300-362.

_____. O novo pacto federativo. **Revista do Serviço Público**, v. 45, n. 1, p. 87-94, jan./jul. 1994. Disponível em: <https://revista.enap.gov.br/index.php/RSP/article/view/745/591>. Acesso em: 26 mar. 2018.

CARNEIRO, M. Lula perdeu 20 milhões de votos. **Veja**, São Paulo, ano 38, n. 51 (edição 1936), p. 54-56, 21 dez. 2005.

CARONE, E. **A República Velha**: instituições e classes sociais. São Paulo: Difusão Europeia do Livro, 1970.

CARVALHO, J. M. de. **A construção da ordem**: a elite política imperial. **Teatro de sombras**: a política imperial. Rio de Janeiro: Ed. da UFRJ; Relume-Dumará, 2013.

_____. **Cidadania no Brasil**: o longo caminho. Rio de Janeiro: Civilização Brasileira, 2002.

_____. Federalismo e centralização no Império brasileiro: história e argumento. In: CARVALHO, J. M. de. **Pontos e bordados**: escritos de história e política. Belo Horizonte: Ed. da UFMG, 1999. p. 155-188.

CARVALHO, J. M. de. Mandonismo, coronelismo, clientelismo: uma discussão conceitual. **Dados: Revista de Ciências Sociais**, Rio de Janeiro, v. 40, n. 2, jan. 1997. Disponível em: <http://www.scielo.br/scielo.php?script=sci_arttext&pid=S0011-52581997000200003>. Acesso em: 23 mar. 2018.

CASTRO, M. M. M. **Determinantes do comportamento eleitoral**: a centralidade da sofisticação política. 239 f. Tese (Doutorado em Ciência Política) – Instituto Universitário de Pesquisas do Rio de Janeiro, Rio de Janeiro, 1994.

CAVALCANTE, P. Vale a pena ser um bom prefeito? Comportamento eleitoral e reeleição no Brasil. **Opinião Pública**, Campinas, v. 21, n. 1, p. 87-104, abr. 2015. Disponível em: <http://www.scielo.br/pdf/op/v21n1/0104-6276-op-21-01-00087.pdf>. Acesso em: 23 mar. 2018.

CERVI, E. **Opinião pública e comportamento político**. Curitiba: InterSaberes, 2012.

CHEIBUB, J. A.; FIGUEIREDO, A.; LIMONGI, F. Partidos políticos e governadores como determinantes do comportamento legislativo na Câmara dos Deputados, 1988-2006. **Dados: Revista de Ciências Sociais**, Rio de Janeiro, v. 52, n. 2, p. 263-299, 2009. Disponível em: <http://www.scielo.br/pdf/dados/v52n2/v52n2a01.pdf> Acesso em: 27 mar. 2018.

CINTRA, A. O. A política tradicional brasileira: uma interpretação das relações entre o centro e a periferia. In: BALAN, J. (Org.). **Centro e periferia no desenvolvimento brasileiro**. São Paulo: Difel, 1974. p. 29-78.

CODATO, A.; COSTA, L. D.; MASSIMO, L. (Ed.). **Retratos da classe política brasileira**: estudos de ciência política. Saarbrücken: Novas Edições Acadêmicas, 2015.

COIMBRA, M. Quatro razões para a vitória de Lula. In: VELLOSO, J. P. dos R. (Coord.). Quem elegeu Lula? As forças e fatores políticos que levaram aos 60 milhões de votos. **Cadernos Fórum Nacional**, Rio de Janeiro, n. 6, p. 9-17, 2007. Disponível em: <http://www.inae.org.br/wp-content/uploads/2015/06/CF0006.pdf>. Acesso em: 23 mar. 2018.

COSTA, L. D. **Composição social e carreira política dos senadores brasileiros (1986-2006)**. 118 f. Dissertação (Mestrado em Ciência Política) – Universidade Estadual de Campinas, Campinas, 2010.

COSTA, L. D.; CODATO, A. A profissionalização da classe política brasileira: um perfil dos senadores da República. In: MARENCO, A. (Org.). **Os eleitos**: representação e carreiras políticas em democracias. Porto Alegre: Ed. da UFRGS, 2013. p. 107-134.

COSTA, P. R. N.; COSTA, L. D.; NUNES, W. Os senadores-empresários: recrutamento, carreira e partidos políticos dos empresários no Senado brasileiro (1986-2010). **Revista Brasileira de Ciência Política**, Brasília, n. 14, p. 227-253, maio-ago. 2014. Disponível em <http://www.scielo.br/pdf/rbcpol/n14/0103-3352-rbcpol-14-00227.pdf>. Acesso em: 21 mar. 2018.

DUARTE, N. **A ordem privada e a organização nacional**. Rio de Janeiro: Companhia Editora Nacional, 1939.

FAORO, R. **Os donos do poder**: formação do patronato brasileiro. Rio de Janeiro: Globo, 2001.

FAUSTO, B. **História concisa do Brasil**. São Paulo: Edusp, 2009.

FEDERAÇÃO. In: **Dicionário Priberam da língua portuguesa**. Disponível em: <https://www.priberam.pt/dlpo/federa%C3%A7%C3%A3o>. Acesso em: 26 mar. 2018.

FEDERAR. In: **Dicionário Priberam da língua portuguesa.** Disponível em: <https://www.priberam.pt/dlpo/federar>. Acesso em: 26 mar. 2018.

FIGUEIREDO, A. C. Coalizões governamentais na democracia brasileira. Tradução de Gabriela Rodrigues da Guia Rosa e Leandro de Pádua Rodrigues. **Primeiros Estudos**, São Paulo, n. 3, p. 159-196, 2012. Disponível em: <http://www.periodicos.usp.br/primeirosestudos/article/download/52546/56512>. Acesso em: 26 mar. 2018.

FIGUEIREDO, A. C.; LIMONGI, F. Bases institucionais do presidencialismo de coalizão. In: ____. **Executivo e Legislativo na nova ordem constitucional.** 2. ed. Rio de Janeiro: FGV, 2001a. p. 19-40.

____. **Executivo e Legislativo na nova ordem constitucional.** 2. ed. Rio de Janeiro: FGV, 2001b.

____. Mudança constitucional, desempenho do Legislativo e consolidação institucional. In: ____. **Executivo e Legislativo na nova ordem constitucional.** 2. ed. Rio de Janeiro: FGV, 2001c. p. 41-72.

____. Mudança constitucional, desempenho do Legislativo e consolidação institucional. **Revista Brasileira de Ciências Sociais**, São Paulo, v. 10, n. 29, p. 175-200, 1995. Disponível em: <http://www.anpocs.org.br/portal/publicacoes/rbcs_00_29/rbcs29_10.htm>. Acesso em: 26 mar. 2018.

____. O processo legislativo e a produção legal no Congresso pós-constituinte. **Novos Estudos Cebrap**, v. 38, p. 24-37, 1994. Disponível em: <http://novosestudos.uol.com.br/produto/edicao-38/>. Acesso em: 26 mar. 2018.

FIGUEIREDO, M. F. **A decisão do voto**: democracia e racionalidade. Belo Horizonte: Ed. da UFMG, 1991.

FLEISCHER, D. Dimensões do recrutamento partidário. In: FLEISCHER, D. (Org.). **Os partidos políticos no Brasil**. Brasília: Ed. da UnB, 1981. p. 45-63.

_____. Governabilidade e abertura política: as desventuras da engenharia política no Brasil: 1964-84. **Revista de Ciência Política**, Rio de Janeiro, v. 29, n. 1, p. 12-39, jan./mar. 1986. Disponível em: <http://bibliotecadigital.fgv.br/ojs/index.php/rcp/article/view/60171/58488>. Acesso em: 26 mar. 2018.

GADELHA, I. Cunha foi do auge ao poço da carreira política em 19 meses e caiu por armadilha própria. **O Estado de S. Paulo**, 13 set. 2016. Disponível em: <http://politica.estadao.com.br/noticias/geral,cunha-foi-do-auge-ao-poco-da-carreira-politica-em-19-meses-e-caiu-por-armadilha-propria,10000075702>. Acesso em: 20 fev. 2018.

GALLAGHER, M.; MARSH, M. (Ed.). **Candidate Selection in Comparative Perspective**: the Secret Garden of Politics. London: Sage, 1988.

GOMES, A. M. de C. (Ed.). **Regionalismo e centralização política**: partidos e constituinte nos anos 30. Rio de Janeiro: Nova Fronteira, 1980.

GUARNIERI, F. Comportamento eleitoral e estratégia partidária nas eleições presidenciais no Brasil (2002 – 2010). **Opinião Pública**, Campinas, v. 20, n. 2, p. 157-177, ago. 2014. Disponível em: <http://www.scielo.br/pdf/op/v20n2/0104-6276-op-20-02-00157.pdf>. Acesso em: 19 mar. 2018.

HALL, P. A.; TAYLOR, R. C. R. As três versões do neo-institucionalismo. **Lua Nova**, São Paulo, n. 58, 2003. Disponível em: <http://www.scielo.br/pdf/ln/n58/a10n58>. Acesso em: 19 mar. 2018.

HIRSCHMANN, A. O. **A retórica da intransigência**: perversidade, futilidade, ameaça. Tradução de Tomás Rosa Bueno. São Paulo: Companhia das Letras, 1992.

HOLANDA, S. B. de. **História geral da civilização brasileira**: do Império à República. São Paulo: Difel, 2001. Tomo II. v. 7.

HOLZHACKER, D. O.; BALBACHEVSKY, E. Classe ideologia e política: uma interpretação dos resultados das eleições de 2002 e 2006. **Opinião Pública**, Campinas, v. 13, n. 2, p. 283-306, nov. 2007. Disponível em: <http://www.scielo.br/pdf/op/v13n2/a03v13n2.pdf>. Acesso em: 26 mar. 2018.

HUNTER, W.; POWER, T. J. Rewarding Lula: Executive Power, Social Policy, and the Brazilian Elections of 2006. **Latin American Politics and Society**, v. 49, n. 1, p. 1-30, 2007.

HUNTINGTON, S. **A ordem política nas sociedades em mudança**. São Paulo: Edusp, 1975.

KEY JR., V. O. **Politics, Parties and Pressure Groups**. New York: Crowell, 1964.

KINZO, M. D. G. **Radiografia do quadro partidário brasileiro**. São Paulo: Fundação Konrad-Adenauer-Stiftung, 1993.

_____. **Representação política e sistema eleitoral no Brasil**. São Paulo: Símbolo, 1980.

KUGELMAS, E.; SALLUM JÚNIOR, B.; GRAEFF, E. Conflito federativo e transição política. **São Paulo em Perspectiva**, v. 3, n. 3, p. 95-102, jul./set. 1989.

LAMEIRÃO, C. R. **O papel da presidência na gestão da coordenação política governamental**: arranjos e dinâmicas de poder com a coalizão (1995-2010). Texto para Discussão n. 2041. Rio de Janeiro: Ipea, 2015.

LAMEIRÃO, C. R. Processos de governo no presidencialismo brasileiro: a estrutura de coordenação política da presidência. **Teoria & Pesquisa: Revista de Ciência Política**, São Carlos, v. 25, n. 3, p. 6-37, 2016. Disponível em: <http://www.teoriaepesquisa.ufscar.br/index.php/tp/article/viewFile/536/337>. Acesso em: 20 mar. 2018.

LAMOUNIER, B. A representação proporcional no Brasil: mapeamento de um debate. **Revista de Cultura e Política**, n. 7, p. 5-42, 1982.

LAMOUNIER, B.; MENEGUELLO, R. **Partidos políticos e consolidação democrática**: o caso brasileiro. São Paulo: Brasiliense, 1986.

LAVAREDA, A. **A democracia nas urnas**: o processo partidário-eleitoral brasileiro. Rio de Janeiro: Iuperj; Rio Fundo, 1991.

LEAL, V. N. **Coronelismo, enxada e voto**: o município e o regime representativo no Brasil. São Paulo: Companhia das Letras, 2012.

LIMA JÚNIOR, O. B. de. A experiência brasileira com partidos e eleições. In: _____. (Org.). **O balanço do poder**. Rio de Janeiro: Rio Fundo Editora, 1990.

_____. **Democracia e instituições políticas no Brasil dos anos 80**. São Paulo: Loyola, 1993.

_____. Partidos, eleições e poder legislativo. In: MICELI, S. (Org.). **O que ler na ciência social brasileira (1970-1995)**. São Paulo: Sumaré/Anpocs, 1999. p. 13-57.

LIMONGI, F. A democracia no Brasil: presidencialismo, coalizão partidária e processo decisório. **Novos Estudos Cebrap**, São Paulo, n. 76, p. 17-41, nov. 2006. Disponível em: <http://www.scielo.br/pdf/nec/n76/02.pdf>. Acesso em: 26 mar. 2018.

LIMONGI, F. Fazendo eleitores e eleições: mobilização política e democracia no Brasil pós-Estado Novo. **Dados: Revista de Ciências Sociais**, Rio de Janeiro, v. 58, n. 2, p. 371-400, 2015. Disponível em: <http://www.scielo.br/pdf/dados/v58n2/0011-5258-dados-58-2-0371.pdf>. Acesso em: 26 mar. 2018.

____. O Poder Executivo na Constituição de 1988. In: OLIVEN, R. G.; RIDENTI, M.; BRANDÃO, G. M. (Org.). **A Constituição de 1988 na vida brasileira**. São Paulo: Hucitec, 2008. p. 23-56. v. 1.

LIMONGI, F.; FIGUEIREDO, A. Bases institucionais do presidencialismo de coalizão. **Lua Nova**, São Paulo, n. 44, p. 81-106, 1998. Disponível em: <http://www.scielo.br/pdf/ln/n44/a05n44.pdf>. Acesso em: 20 mar. 2018.

____. Partidos políticos na Câmara dos Deputados: 1988-1994. **Dados: Revista de Ciências Sociais**, Rio de Janeiro, v. 38, n. 3, p. 497-525, 1995.

LINZ, J. J. The Perils of Presidentialism. **Journal of Democracy**, v. 1, n. 1, p. 51-69, 1990.

MARCH, J. G.; OLSEN, J. P. Neo-institucionalismo: fatores organizacionais na vida política. **Revista de Sociologia e Política**, Curitiba, v. 16, n. 31, p. 121-142, nov. 2008. Disponível em: <http://www.scielo.br/pdf/rsocp/v16n31/v16n31a10.pdf>. Acesso em: 19 mar. 2018.

MAINWARING, S. Brazil: Weak Parties, Feckless Democracy. In: MAINWARING, S.; SCULLY, T. R. (Org.). **Building Democratic Institutions**: Party Systems in Latin America. Stanford: Stanford University Press, 1995. p. 354-458.

MAINWARING, S. Democracia presidencialista multipartidária: o caso do Brasil. **Lua Nova**, São Paulo, n. 28-29, p. 21-74, abr. 1993. Disponível em: <http://www.scielo.br/scielo. php?script=sci_arttext&pid=S0102-64451993000100003>. Acesso em: 26 mar. 2018.

_____. Políticos, partidos e sistemas eleitorais: o Brasil numa perspectiva comparativa. **Estudos Eleitorais**, Brasília, v. 1, n. 2, p. 335-381, maio/ago. 1997. Disponível em: <http://bibliotecadigital.tse.jus.br/xmlui/handle/bdtse/1119>. Acesso em: 26 mar. 2018.

_____. Políticos, partidos e sistemas eleitorais: o Brasil numa perspectiva comparativa. **Novos Estudos Cebrap**, São Paulo, n. 29, p. 34-58, mar. 1991.

MELO, C. R. Corrupção eleitoral. In: AVRITZER, L. et al. (Org.). **Corrupção**: ensaios e críticas. 2. ed. Belo Horizonte: Ed. da UFMG, 2012. p. 314-320.

MELO, C. R.; SÁEZ, M. A. (Org.). **A democracia brasileira**: balanço e perspectivas para o século 21. Belo Horizonte: Humanitas/Ed. da UFMG, 2007.

MENEGUELLO, R. **Partidos e governos no Brasil contemporâneo (1985-1997)**. São Paulo: Paz e Terra, 1998.

MONTEIRO NETO, A. et al. **Federalismo e relações intergovernamentais no Brasil**: dinâmicas, impasses e consensos atuais (revelados por gestores públicos estaduais). Texto para Discussão n. 2306. Rio de Janeiro: Ipea, 2017.

NICOLAU, J. Como aperfeiçoar a representação proporcional no Brasil. **Cadernos de Estudos Sociais e Políticos**, Rio de Janeiro, v. 4, n. 7, p. 101-121, jan./jun. 2015. Disponível em: <http://www.e-publicacoes.uerj.br/index.php/CESP/article/view/18998/13820>. Acesso em: 20 mar. 2018.

NICOLAU, J. Crônica de uma derrota (ou será vitória?) anunciada? **Insight Inteligência**, Rio de Janeiro, v 10, n. 39, p. 220-226, dez. 2007. Disponível em: <http://insightinteligencia.com.br/pdfs/39.pdf>. Acesso em: 20 mar. 2018.

_____. Disciplina partidária e base parlamentar na Câmara dos Deputados no primeiro Governo Fernando Henrique Cardoso (1995-1998). **Dados: Revista de Ciências Sociais**, Rio de Janeiro, v. 43, n. 4, p. 709-736, 2000. Disponível em: <http://www.scielo.br/scielo.php?script=sci_arttext&pid=S0011-52582000000400004&lng=en&nrm=iso&tlng=pt>. Acesso em: 26 mar. 2018.

NICOLAU, J. **Multipartidarismo e democracia**: um estudo sobre o sistema partidário brasileiro (1985-94). Rio de Janeiro: FGV, 1996.

_____. Reforma eleitoral no Brasil: impressões sobre duas décadas de debate. **Em Debate**, Belo Horizonte, v. 5, n. 5, p. 7-16, dez. 2013. Disponível em: <http://ifch.ufpa.br/REFORMA%20ELEITORAL%20NO%20BRASIL%20-%20JAIRO%20NICOLAU>. Acesso em: 26 mar. 2018.

NICOLAU, J.; PEIXOTO, V. As bases municipais da votação de Lula em 2006. In: VELLOSO, J. P. dos R. (Org.). Quem elegeu Lula? As forças e fatores políticos que levaram aos 60 milhões de votos. **Cadernos Fórum Nacional**, Rio de Janeiro, n. 6, p. 15-29, fev. 2007. Disponível em: <http://www.inae.org.br/wp-content/uploads/2015/06/CF0006.pdf>. Acesso em: 23 mar. 2018.

NOBRE, M. **Imobilismo em movimento**: da abertura democrática ao governo Dilma. São Paulo: Companhia das Letras, 2013.

NUNES, E. de O. **A gramática política no Brasil**: clientelismo e insulamento burocrático. Rio de Janeiro: J. Zahar, 2003.

OLIVEIRA, F. de. Hegemonia às avessas. In: OLIVEIRA, F. de; BRAGA, R.; RIZEK, C. (Org.). **Hegemonia às avessas**: economia, política e cultura na era da servidão financeira. São Paulo: Boitempo, 2010. p. 21-28.

PERISSINOTTO, R. **As elites políticas**: questões de teoria e método. Curitiba: InterSaberes, 2009.

_____. Comparação, história e interpretação: por uma ciência política histórico-interpretativa. **Revista Brasileira de Ciências Sociais**, São Paulo, v. 28, n. 83, p. 151-165, 2013. Disponível em: <http://www.scielo.br/pdf/rbcsoc/v28n83/10.pdf>. Acesso em: 26 mar. 2018.

PERISSINOTTO, R.; BOLOGNESI, B. Electoral Success and Political Institutionalization in the Federal Deputy Elections in Brazil (1998, 2002 and 2006). **Brazilian Political Science Review**, Rio de Janeiro, v. 4, n. 1, p. 10-32, 2010.

PERISSINOTTO, R.; CODATO, A. (Org.). **Como estudar elites**. Curitiba: Ed. da UFPR, 2015.

PERISSINOTTO, R.; MIRÍADE, A. Caminhos para o parlamento: candidatos e eleitos nas eleições para deputado federal em 2006. **Dados: Revista de Ciências Sociais**, Rio de Janeiro, v. 52, n. 2, p. 301-333, 2009. Disponível em: <http://www.scielo.br/pdf/dados/v52n2/v52n2a02.pdf>. Acesso em: 26 mar. 2018.

PERISSINOTTO, R.; VEIGA, L. Profissionalização política, processo seletivo e recursos partidários: uma análise da percepção dos candidatos do PT, PMDB, PSDB e DEM nas eleições para Deputado Federal de 2010. **Opinião Pública**, Campinas, v. 20, n. 1, p. 49-66, abr. 2014. Disponível em: <http://www.scielo.br/pdf/op/v20n1/v20n1a03.pdf>. Acesso em: 22 mar. 2018.

POLSBY, N. A institucionalização da Câmara dos Deputados dos Estados Unidos. **Revista de Sociologia e Política**, Curitiba, v. 16, n. 30, p. 221-251, jun. 2008.Disponível em: <http://www.scielo.br/pdf/rsocp/v16n30/14.pdf>. Acesso em: 26 mar. 2018.

PT – Partido dos Trabalhadores. **Estatuto**. 2015. Disponível em: <http://www.pt.org.br/wp-content/uploads/2016/03/ESTATUTO-PT-2012-VERSAO-FINAL-alterada-outubro-de-2015-2016mar22.pdf>. Acesso em: 22 mar. 2018.

QUEIROZ, M. I. P. de. **O mandonismo local na vida política brasileira**. São Paulo: Instituto de Estudos Brasileiros; Ed. da USP, 1970.

RABELLO, M. M. A dificuldade em responsabilizar: o impacto da fragmentação partidária sobre a clareza de responsabilidade. **Revista de Sociologia e Política**, Curitiba, v. 23, n. 54, p. 69-90, jun. 2015. Disponível em: <http://www.scielo.br/pdf/rsocp/v23n54/0104-4478-rsocp-23-54-0069.pdf>. Acesso em: 26 mar. 2018.

RAHAT, G.; HAZAN, R. Y. Candidate Selection Methods: an Analytical Framework. **Party Politics**, v. 7, n. 3, p. 297-322, 2001.

REIS, B. P. W. Políticos, cientistas políticos e sua conversa de surdos: considerações sobre a quase implantação do voto único não transferível no Brasil. **Em Debate**, Belo Horizonte, v. 7, n. 3, p. 29-46, jul. 2015. Disponível em: <http://opiniaopublica. ufmg.br/site/files/artigo/5-Dossie-Julho-2015-Bruno-Reis3.pdf>. Acesso em: 20 mar. 2018.

_____. Sistema eleitoral, corrupção e reforma política. **Revista do CAAP**, Belo Horizonte, v. 19, n. 1, p. 10-22, 2013.

REIS, F. W. Identidade política, desigualdade e partidos brasileiros. **Novos Estudos Cebrap**, São Paulo, n. 87, p. 61-75, jul. 2010. Disponível em: <http://www.scielo.br/pdf/nec/n87/a04n87. pdf>. Acesso em: 23 mar. 2018.

RETROSPECTIVA 2011: faxina ministerial abre espaço para reforma na Esplanada. **Estadão**, São Paulo, 18 dez. 2011. Política. Disponível em: <http://politica.estadao.com.br/ noticias/geral,retrospectiva-2011-faxina-ministerial-abre-espaco-para-reforma-na-esplanada,812647>. Acesso em: 21 mar. 2018.

RODRIGUES, L. M. **Mudanças na classe política brasileira**. São Paulo: Publifolha, 2009.

_____. Partidos, ideologia e composição social. **Revista Brasileira de Ciências Sociais**, São Paulo, v. 17, n. 48, p. 31-47, fev. 2002. Disponível em: <http://www.scielo.br/pdf/rbcsoc/ v17n48/13948.pdf>. Acesso em: 21 mar. 2018.

_____. **Quem é quem na Constituinte**: uma análise sócio-política dos partidos e deputados. São Paulo: Oesp; Maltese, 1987.

SALLUM JÚNIOR., B.; GOULART, J. O. O Estado brasileiro contemporâneo: liberalização econômica, política e sociedade nos governos FHC e Lula. **Revista de Sociologia e Política**, v. 24, n. 60, p. 115-135, dez. 2016. Disponível em: <http://www.scielo.br/pdf/rsocp/v24n60/0104-4478-rsocp-24-60-0115.pdf>. Acesso em: 23 mar. 2018.

SAMUELS, D. **Ambition, Federalism, and Legislative Politics in Brazil**. Cambridge: Cambridge University Press, 2003.

SAMUELS, D.; ZUCCO JR., C. Lulismo, Petismo, and the Future of Brazilian Politics. **Journal of Politics in Latin America**, v. 6, n. 3, p. 129-158, 2014. Disponível em: <https://journals.sub.uni-hamburg.de/giga/jpla/article/view/796/797>. Acesso em: 23 mar. 2018.

SANTOS, A. M. dos. **Não se fazem mais oligarquias como antigamente**: recrutamento parlamentar, experiência política e vínculos partidários entre deputados brasileiros (1946-1998). 257 f. Tese (Doutorado em Ciência Política) – Universidade Federal do Rio Grande do Sul, Porto Alegre, 2000. Disponível em: <http://www.lume.ufrgs.br/bitstream/handle/10183/77818/000297246.pdf?sequence=1>. Acesso em: 26 mar. 2018.

_____. Nas fronteiras do campo político: raposas e outsiders no Congresso Nacional. **Revista Brasileira de Ciências Sociais**, São Paulo, v. 12, n. 33, p. 87-101, 1997. Disponível em: <http://www.anpocs.org.br/portal/publicacoes/rbcs_00_33/rbcs33_06.htm>. Acesso em: 26 mar. 2018.

SANTOS, A. M. dos; SERNA, M. Por que carreiras políticas na esquerda e na direita não são iguais? Recrutamento legislativo em Brasil, Chile e Uruguai. **Revista Brasileira de Ciências Sociais**, São Paulo, v. 22, n. 64, p. 93-194, jun. 2007. Disponível em: <http://www.scielo.br/pdf/rbcsoc/v22n64/a08v2264>. Acesso em: 21 mar. 2018.

SANTOS, F. Instituições eleitorais e desempenho do presidencialismo no Brasil. **Dados: Revista de Ciências Sociais**, Rio de Janeiro, v. 42, n. 1, p. 111-138, 1999. Disponível em: <http://www.scielo.br/scielo.php?script=sci_arttext&pid=S0011-52581999000100006>. Acesso em: 26 mar. 2018.

_____. Patronagem e poder de agenda na política brasileira. **Dados: Revista de Ciências Sociais**, Rio de Janeiro, v. 40, n. 3, p. 465-492, 1997. Disponível em: <http://www.scielo.br/scielo.php?script=sci_arttext&pid=S0011-52581997000300007>. Acesso em: 26 mar. 2018.

SARTORI, G. **Parties and Party Systems**: a Framework for Analysis. New York: Cambridge University Press, 1976.

SCHATTSCHNEIDER, E. E. **Party Government**. New York: Holt, Rinehart and Winston, 1941.

SCHREIBER, M. Brasil lidera índice internacional em número de partidos: o que isso significa para a crise? **BBC Brasil**, Brasília, 29 jun. 2016. Disponível em: <http://www.bbc.com/portuguese/brasil-36627957>. Acesso em: 20 mar. 2018.

SHUGART, M. S.; CAREY, J. M. **Presidents and Assemblies**: Constitutional Design and Electoral Dynamics. Cambridge: Cambridge University Press, 1992.

SILVA, G. P. da. É possível usar escândalos de corrupção politicamente? **O Barômetro**, 19 dez. 2011. Disponível em: <https://obarometro.wordpress.com/2011/12/19/e-possivel-usar-escandalos-de-corrupcao-politicamente/>. Acesso em: 23 mar. 2018.

SINGER, A. **Os sentidos do lulismo**: reforma gradual e pacto conservador. São Paulo: Companhia das Letras, 2012.

_____. Raízes sociais e ideológicas do lulismo. **Novos Estudos Cebrap**, São Paulo, n. 85, nov. 2009. Disponível em: <http://www.scielo.br/pdf/nec/n85/n85a04.pdf>. Acesso em: 22 mar. 2018.

SINGER, P. O PT e as eleições de 2006. **Folha de S. Paulo**, 5 out. 2006. Tendências e Debates. Disponível em: <http://www1.folha.uol.com.br/fsp/opiniao/fz0510200608.htm>. Acesso em: 23 mar. 2018.

STEPAN, A. Para uma nova análise comparativa do federalismo e da democracia: federações que restringem ou ampliam o poder do *demos*. **Dados: Revista de Ciências Sociais**, Rio de Janeiro, v. 42, n. 2, p. 197-251, 1999. Disponível em: <http://www.scielo.br/scielo.php?script=sci_arttext&pid=S0011-52581999000200001&lng=en&nrm=iso&tlng=pt>. Acesso em: 26 mar. 2018.

_____. Parlamentarismo x presidencialismo no mundo moderno: revisão de um debate atual. **Estudos Avançados**, São Paulo, v. 4, n. 8, p. 96-107, 1990. Disponível em: <http://www.scielo.br/pdf/ea/v4n8/v4n8a07.pdf>. Acesso em: 26 mar. 2018.

TAROUCO, G. da S.; MADEIRA, R. M. Partidos, programas e o debate sobre esquerda e direita no Brasil. **Revista de Sociologia e Política**, v. 21, n. 45, p. 149-165, mar. 2013. Disponível em: <http://www.scielo.br/pdf/rsocp/v21n45/a11v21n45.pdf>. Acesso em: 26 mar. 2018.

TORRES, J. C. de O. **A formação do federalismo no Brasil**. São Paulo: Companhia Editora Nacional, 1961. Disponível em: <http://www.brasiliana.com.br/obras/a-formacao-do-federalismo-no-brasil/pagina/28/texto>. Acesso em: 26 mar. 2018.

TSEBELIS, G. Processo decisório em sistemas políticos: veto players no presidencialismo, parlamentarismo, multicameralismo e pluripartidarismo. **Revista Brasileira de Ciências Sociais**, São Paulo, v. 12, n. 34, p. 89-117, 1997. Disponível em: <http://www.anpocs.org.br/portal/publicacoes/rbcs_00_34/rbcs34_06>. Acesso em: 26 mar. 2018.

VELLOSO, J. P. dos R. (Coord.). Quem elegeu Lula? As forças e fatores políticos que levaram aos 60 milhões de votos. **Cadernos Fórum Nacional**, Rio de Janeiro, n. 6, p. 9-17, 2007. Disponível em: <http://www.inae.org.br/wp-content/uploads/2015/06/CF0006.pdf>. Acesso em: 23 mar. 2018.

VIANNA, F. O. **Populações meridionais do Brasil**: paulistas, fluminenses, mineiros. São Paulo: Monteiro Lobato, 1920.

VIANNA, L. W. **O Estado Novo do PT**. jul. 2007. Disponível em: <http://www.acessa.com/gramsci/?page=visualizar&id=755>. Acesso em: 23 mar. 2018.

WEBER, M. **Ciência e política**: duas vocações. Rio de Janeiro: Cultrix, 2013.

____. Parlamentarismo e governo numa Alemanha reconstruída. In: ____. **Max Weber**. São Paulo: Abril Cultural, 1985. p. 8-91. (Coleção Os Pensadores).

Respostas

Capítulo 1

Questões para revisão

1. A fonte que legitima o mandato é a confiança do Parlamento, já que quem forma o gabinete e escolhe o primeiro-ministro é o partido ou a coalizão com o maior número de representantes eleitos.
2. A legitimidade do presidente não depende da confiança do Parlamento, pois não é esse órgão que escolhe o presidente, e sim os votos dos eleitores. Dessa forma, um presidente, diferentemente de um primeiro-ministro, pode continuar ocupando o cargo sem o apoio do Legislativo Federal.
3. b
4. e
5. a

Capítulo 2
Questões para revisão
1. A governabilidade no presidencialismo de coalizão é possível porque, assim como ocorre em sistemas parlamentaristas, o processo legislativo é controlado, predominantemente, pelo chefe do Executivo – o presidente – e pelos líderes partidários.
2. De acordo com Avritzer (2016), para ser governável, o presidencialismo de coalizão exige três custos progressivos. Em primeiro lugar, esse sistema de governo estimularia a fragmentação partidária, incentivando o surgimento de novas legendas para favores do Executivo em troca de apoio no Congresso. Em segundo lugar, o mesmo sistema provocaria a desordem administrativa do Estado, porque os cargos de nomeação sob a alçada da presidência da República seriam preenchidos por critérios políticos, e não técnicos. Finalmente, essa distribuição política de cargos facilitaria e até estimularia as práticas ilícitas.
3. c
4. b
5. c

Capítulo 3
Questões para revisão
1. Para além da confirmação do conhecido argumento de que há, em todas as sociedades, a existência de uma minoria governante e de uma maioria governada, a principal contribuição dos elitistas clássicos para os estudos mais recentes da área foi defender um tratamento científico rigoroso para fenômenos sociais e políticos.

2. Os estudos sobre as elites mais recentes demonstraram que a classe política brasileira, assim como acontece em outras partes do mundo, não é homogênea. Ao contrário, a observação empírica mostra que há correlações regulares entre as variáveis *perfil social* e *ideologia*, ou seja, as categorias socioprofissionais nas quais os partidos recrutam seus representantes variam em função de sua posição no espectro ideológico. Assim, *grosso modo*, entre os representantes eleitos por partidos de centro e de direita, costuma predominar um perfil social mais elitista, com larga presença de empresários e profissionais liberais tradicionais; já entre os partidos de esquerda, a tendência é predominar um perfil menos elitista, com maior presença de representantes das camadas médias (jornalistas e professores, por exemplo) e baixas (trabalhadores manuais) da população.
3. b
4. c
5. d

Capítulo 4

Questões para revisão

1. O conceito de *profissionalização* que vigora atualmente no interior da ciência política se origina, em boa medida, na concepção weberiana de *político profissional*. Weber considera como profissional aquele político que vive da política – isto é, retira dela o próprio sustento – e para a política – ou seja, tem nela sua atividade principal ou exclusiva.
2. A partir das eleições para o Legislativo Federal de 2002, houve um declínio da participação das camadas mais elitistas (como

empresários e profissionais liberais tradicionais). Esse declínio dos notáveis foi interpretado por Rodrigues (2009) como um indício de popularização da classe política brasileira. Costa e Codato (2013), por sua vez, ampliando a base de dados observada (1986-1990), mostraram que o tal declínio seria, na verdade, um indício de autonomização e profissionalização da classe política, que, como já ocorrera em democracias consolidadas, tende a privilegiar variáveis propriamente políticas (como experiência prévia e *expertise*) em detrimento de aspectos como capital econômico e social.

3. a
4. d
5. d

Capítulo 5
Questões para revisão

1. Com base nos dados sobre os pleitos presidenciais anteriores a 2006, é possível afirmar que as camadas mais pobres do eleitorado brasileiro votavam em candidatos posicionados do centro para a direita no espectro ideológico, comprometidos com a manutenção da ordem. O pleito de 2006 representou um ponto de inflexão nessa trajetória, pois a maioria desse eleitorado ajudou a reeleger Lula, um candidato situado do centro para a esquerda no espectro ideológico.

2. Entre os pleitos presidenciais de 1989 e 2002, a base eleitoral de Lula, embora crescente, abrangia predominantemente as camadas mais altas e mais escolarizadas da população, que, por sua vez, habitam regiões mais industrializadas e se localizam, majoritariamente, nos grandes centros urbanos e em

cidades com mais de 200 mil habitantes das regiões Sul e Sudeste do país.
3. d
4. a
5. e

Capítulo 6
Questões para revisão
1. Abrucio (1994, 1998) retoma uma tese antiga e muito conhecida na historiografia política brasileira segundo a qual há o predomínio de interesses locais e/ou regionais na política nacional. De acordo com o autor, após um interregno durante o período ditatorial-militar (1964-1985), isso teria voltado a ocorrer em razão da distribuição de poder que resultou do processo de redemocratização. Tal processo teria reservado aos governadores estaduais poderes incontrastáveis e feito deles protagonistas da política nacional. Assim, por intermédio dos poderes atribuídos aos chefes dos Executivos estaduais, os interesses locais e/ou regionais poderiam continuar prevalecendo.
2. O comportamento regional dos representantes estaduais no Congresso Nacional estaria calcado na lealdade devida por eles aos respectivos chefes dos Executivos estaduais. Isso ocorre porque, de acordo com Abrucio (1994, 1998), seria impossível aos deputados conseguir se eleger sem a anuência dos governadores. Assim, o Legislativo Federal seria composto, na verdade, por 27 bancadas estaduais.
3. c
4. e
5. d

Sobre o autor

Wellington Nunes é graduado (2012) em Ciência Política pelo Centro Universitário Internacional Uninter, mestre (2014) em Ciência Política pelo Programa de Pós-Graduação em Ciência Política da Universidade Federal do Paraná (UFPR) e doutor (2018) em Sociologia pelo Programa de Pós-Graduação em Sociologia também da UFPR. Atualmente, é professor do curso de especialização em Sociologia Política da UFPR, pesquisador do Núcleo de Pesquisa em Sociologia Política Brasileira (Nusp) e coeditor da *Newsletter of the Observatory of Social and Political Elites of Brazil*. Entre seus temas de estudo, destacam-se: ação coletiva e representação de interesses; natureza política dos processos de desenvolvimento econômico; processos de industrialização em perspectiva comparada; elites estatais, parlamentares e ministeriais.

Os papéis utilizados neste livro, certificados por instituições ambientais competentes, são recicláveis, provenientes de fontes renováveis e, portanto, um meio sustentável e natural de informação e conhecimento.

Impressão: Optagraf

Dezembro / 2019